VAMPIRE
STORIES

Luna de Sangre

Ana López Toribio

compact

Redaktion: Paulina Palomino
Fachredaktion: Olga Carrasquedo
Produktion: Wolfram Friedrich
Typographischer Entwurf: EKH Werbeagentur GbR, textum GmbH
Umschlaggestaltung: EKH Werbeagentur GbR
Titelabbildungen: www.Fotolia.com: Ivan Bliznetsov, Picture Art,
Julien Gremillot

ISBN 978-3-8174-8264-1
2010 2011 2012 2013 6 5 4 3 2 1

www.compactverlag.de

Vorwort

Liebe Leserin, lieber Leser,

so packend war Spanisch lernen noch nie! Diese Vampire Story kombiniert romantische Hochspannung mit dem bewährten didaktischen Konzept der Compact Lernlektüren.

Das vorliegende Buch wurde speziell für Lernende der Stufe B1 des Europäischen Referenzrahmens konzipiert. Vokabelerklärungen direkt auf der Seite erleichtern das Lesen. Jedes Kapitel wird durch abwechslungsreiche Übungen ergänzt, die auf unterhaltsame Weise Wortschatz, Textverständnis und Grammatik trainieren und festigen. Infokästen weisen auf sprachliche und grammatikalische Besonderheiten hin. Alle Vokabeln können Sie im Glossar noch einmal nachschlagen.

Viel Spaß und Erfolg beim
Spanisch lernen mit Biss!

Inhalt

Zu diesem Buch

Die junge Studentin Paula hat einen Traum: Sie möchte Schriftstellerin werden. Als sie dem ebenso charismatischen wie geheimnisvollen Verleger Eugenio Calatrava begegnet, hat sie zum ersten Mal das Gefühl, dass jemand ihr schriftstellerisches Talent erkennt. Paula fühlt sich geschmeichelt und ist motiviert wie noch nie – und ihr wird bald klar, dass ihr Interesse an Eugenio nicht rein beruflicher Natur ist. Auch er scheint von ihr sehr angetan zu sein. Doch noch bevor die beiden erste zarte Bande knüpfen können, wird Paula von einem Unbekannten bedroht, der sie davor warnt, die Verbindung aufrecht zu erhalten. Als Eugenio sie aus der gefährlichen Lage befreit, steht fest: Ihn umgibt ein düsteres Geheimnis …

1 Una cita tenebrosa

Era una noche de luna llena. El aire estaba cargado de algo extraño. Paula pensó que tendría que ver con el mágico efecto de la luna llena. En su pequeño apartamento se sentía bien. Era muy simple, tenía lo justo y necesario para vivir. Nada de lujos. Desde su ventana tenía una vista maravillosa de la ciudad, totalmente iluminada. Las luces daban **sensación** de **calidez** en el invierno frío.

Paula miró el reloj. Dejó su taza de té, cogió el abrigo y la bufanda negra. Tendría que darse prisa o no llegaría a su **cita** de las siete.

Salió a la calle. En cuanto respiró el aire fresco se sintió bien, con energía. Buenos pensamientos llegaron a su cabeza. Aunque era la tercera vez que **intentaba publicar** su libro, Paula no perdía la esperanza. Las otras dos veces no había conseguido publicarlo, pero seguía intentándolo, ella sabía lo difícil que es tener **éxito** como escritora. La cita era en la casa del **editor** en los **alrededores** de Madrid. Estaba **convencida** de haber elegido

sensación *f*	Gefühl
calidez *f*	Wärme
cita *f*	Termin, Verabredung
intentar	versuchen
publicar	veröffentlichen
éxito *m*	Erfolg
editor *m*	Verleger
alrededores *m pl*	Umgebung
convencido	überzeugt

tacón *m*	Absatz
sencillo	*hier*: schlicht
llamar al timbre	klingeln, läuten
inoportuno	ungelegen

bien la ropa: chaqueta y falda azul y zapatos de tacón. Sencilla y elegante. Salió con el coche perdiéndose por las calles nocturnas de la ciudad.
Aparcó y salió del coche con energía positiva. Allí estaba, en la dirección que le dijeron, delante del portal. Respiró profundamente. Paula no lograba entender ese nerviosismo. Ya había tenido un primer contacto con el editor, sólo por teléfono, su voz transmitía tranquilidad. Se lo imaginaba de mediana edad, pero no sabía nada de él, era pura imaginación. Sólo conocía su nombre: Eugenio Calatrava.
Decidió subir las escaleras del portal. Llamó al timbre a pesar de que la puerta estaba abierta. No quería ser inoportuna. Pocos segundos después apareció una figura oscura en la puerta. Era un hombre joven, alto, fuerte. A Paula le pareció incluso atractivo.

Übung 1: Ordene las letras. Bringen Sie die Buchstaben in die richtige Reihenfolge und bilden Sie sinnvolle Wörter!

1. udabfan ____________________
2. zaaceb ____________________
3. teelaneg ____________________
4. olefnoét ____________________
5. tarticova ____________________

–Buenas tardes –saludó el editor–, usted debe de ser Paula.
La joven autora pensó que su voz era más profunda que cuando hablaron por teléfono.
–Buenas tardes. Sí, encantada –respondió nerviosa. Sólo esperaba que él no lo notara.
–Pase, por favor.
Había poca iluminación allí. El estudio estaba decorado de una forma muy sencilla. Esto llamó la atención de Paula, pues ella tampoco vivía entre lujos, pero aún así era muy diferente, sería por la poca luz (i) que había. La mirada de Paula se dirigió al escritorio. Allí encima estaba su novela. Todas sus esperanzas estaban allí, en aquel manuscrito. Era lo único a lo que quería dedicarse profesionalmente.

Substantive, die auf **-z** enden, bilden den Plural auf **-ces:**

la luz - **las luces**
la nariz - **las narices**
la vez - **las veces**
la voz - **las voces**

Se sintió desorientada. Empezó a recordar por qué se encontraba en aquel apartamento e intentó acordarse del diálogo que se había preparado. Ya tenía experiencia en este tipo de entrevistas.

llamar la atención	auffallen
novela *f*	Roman
dedicarse a	sich beschäftigen mit, sich (einer Sache) widmen
desorientado	verwirrt
entrevista *f*	*hier*: Vorstellungsgespräch

–Muy bien –dijo el editor amablemente– siéntese. Bueno, veo que es usted bastante joven, ¿puedo tutearla?
–Por supuesto, mejor nos tuteamos.
Paula no conseguía controlar su nerviosismo. En las otras entrevistas también se había puesto nerviosa, pero no tanto. Había algo extraño en ese estudio, lo notaba en el ambiente.

Übung 2: Adjetivos. Lesen Sie weiter und unterstreichen Sie alle Adjektive!

A la luz de aquella lámpara de mesa, Paula pudo observar el **rostro** de aquel hombre. A pesar de que había poca iluminación se dio cuenta del atractivo de aquel joven editor. Su sonrisa era como su voz: **amigable**, tranquila. Sin embargo había algo misterioso en él. Paula levantó la mirada encontrándose con unos ojos negros, profundos, misteriosos.

–¿Qué te llevó a escribir este tipo de novela? –preguntó el editor sin dejar de mirar a Paula.

–Siempre me ha parecido interesante la **novela de suspense**. Me fascina la **tensión** que se crea entre el lector y la novela que hace que no se pueda dejar de leer el libro –explicó Paula.

Le sudaban las manos. Empezó a sentir mucho calor de repente. Había algo extraño en esa habitación. Paula notó que todo a su alrededor se movía. Los ojos de aquel hombre estaban llenos de gran misterio.

–¿Te encuentras bien?

Paula apenas asintió.

–Te traeré un vaso de agua.

Eugenio pasó por su lado intentando **mantener la distancia**. Aquella joven tenía un olor tan dulce, tan inocente.

–¿Mejor?

–Sí, gracias. Es sólo que tengo

rostro *m*	Gesicht
amigable	freundlich
novela *f* de suspense	Thriller
tensión *f*	Spannung
mantener la distancia	Abstand halten

un poco de calor –Paula quería quitarle importancia al **asunto**. La chica intentó **recuperarse**. Quería publicar su novela. Se encontró de nuevo con aquellos ojos, por alguna razón no podía dejar de mirarlos. Había algo **inexplicablemente** atractivo en ellos. Paula se sintió de nuevo **mareada**, pero esta vez empezó a ver todo oscuro, tan oscuro como aquellos ojos... Paula sentía que todo se movía a su alrededor y ella no podía controlarlo. De repente tenía un sonido en los oídos. No podía ver, no podía oír.

asunto *m*	Sache, Angelegenheit
recuperarse	sich erholen
inexplicablemente	unerklärlich
mareado	schwindlig

Übung 3: Elección múltiple. Kreuzen Sie die richtige Antwort an!

1. ¿De qué tema hablan?

a) ❒ Hablan sobre la novela que Paula ha escrito.

b) ❒ Hablan sobre la universidad.

2. ¿Qué le trae Eugenio a Paula?

a) ❒ Un plato de comida.

b) ❒ Un vaso de agua.

3. ¿Cómo se encuentra Paula?

a) ❒ Está mareada y tiene mucho calor.

b) ❒ Está relajada y se encuentra bien.

desmayo *m*	Ohnmacht
abrazar a alguien	*hier*: umfassen
herida *f*	Wunde
desmayarse	in Ohnmacht fallen
acercarse algo	*hier*: etw. an sich heranziehen
molestar	stören
volverse	*hier*: werden
tumbado	liegend
asustarse	sich erschrecken

Eugenio se sorprendió de la reacción de Paula. En cuanto se dio cuenta del **desmayo** de la joven escritora, la **abrazó** y la llevó al sofá para que estuviera cómoda hasta que se despertara. Su olor era aún más intenso. Había algo que no le dejaba separarse de esa joven. En ese momento Eugenio se dio cuenta de la sangre que salía de una pequeña **herida** en la cabeza de Paula. Se había dado un buen golpe al **desmayarse**.

Eugenio se **acercó** el dedo manchado de sangre a la nariz para poder olerla mejor, era tan dulce como se imaginaba. Estaban solos, en su estudio alejado del centro de Madrid. No había nada ni nadie que les pudiera **molestar**. En ese momento no pudo evitar probar la sangre, era tan dulce... Eugenio tenía que controlarse. Aquella situación estaba **volviéndose** verdaderamente peligrosa.

Tumbada en el sofá Eugenio pudo observar la belleza de Paula, era tan joven y parecía tan frágil. Eugenio tenía que controlar sus pensamientos, no quería hacer daño a aquella joven. Algo le decía que se trataba de una persona especial, y no quería que la chica se **asustara**.

Paula sintió un enorme dolor de cabeza. Cuando abrió los ojos sólo pudo ver una sombra que estaba sentada junto a ella.

–¿Qué ha pasado? ¿dónde estoy? –preguntó Paula nerviosa.

–Te has desmayado y al caerte te has dado un golpe en la cabeza –respondió Eugenio lentamente.

Übung 4: Adjetivos. Wie lauten die Gegenteile der folgenden Adjektive?

1. tranquila ______________________
2. seguro ______________________
3. joven ______________________
4. malo ______________________

–Ahora descansa un poco –dijo el editor. No pudo evitar sonreír, le gustaba la presencia de Paula en su pequeño estudio. Quería que se quedara esa noche.

–Oh, lo siento –dijo Paula con **vergüenza**– esto no me suele pasar a menudo...

En se momento Paula se dio cuenta de lo que había pasado, ¡se había desmayado en una entrevista de trabajo!

–Eso espero –Eugenio sonrió. Paula pudo ver sus brillante sonrisa en la noche– te traeré una **manzanilla**.

–Gracias –respondió la joven autora.

Mientras Eugenio preparaba la manzanilla, Paula se sentó en el sofá. No conseguía **averiguar** qué le había pasado, cómo había llegado a desmayarse. Según recordaba, esto no le había ocurrido nunca antes. Quizás debería ir al médico. Lo más extraño era que en los últimos meses no había notado ningún dolor ni enfermedad. Tenía una buena perspectiva del pequeño estudio. ¿Por qué habría tan poca luz? El estudio era realmente

vergüenza *f*	Scham
manzanilla *f*	Kamillentee
averiguar	*hier*: ergründen, herausbekommen

intranquilizarse	sich beunruhigen
curiosidad *f*	Neugier
alcanzar	*hier*: greifen (nach)
humeante	dampfend
duda *f*	Zweifel, Unschlüssigkeit
seguridad *f*	Sicherheit
débil	schwach

sencillo: un sofá, un escritorio con un par de sillas, una estantería llena de libros... Si la decoración del estudio reflejara la personalidad de aquel hombre, se podría decir que él era bastante sencillo. ¿Qué motivo tendría para **intranquilizarse**? Al fondo se veía la puerta que daba a una nueva habitación. Sería el dormitorio. Pero desde el sofá no lo podía ver. Intentó levantarse para acabar con su **curiosidad**. En ese momento apareció Eugenio con una taza en la mano.

–¿Todo bien? –preguntó inquieto.

–Sí, sí. Muchas gracias –Paula **alcanzó** la taza **humeante**–. Bonito estudio.

–Gracias, como puedes observar no tiene nada especial.

–¿Vives desde hace mucho aquí? –preguntó Paula curiosa.

–Eh... pues sí, desde hace unos cuantos años... –Eugenio se había dado cuenta de su propia **duda**, no sentía la **seguridad** que tenía normalmente–. ¿Cómo te encuentras? –preguntó cambiando de tema.

–Mejor. Creo que me iré a casa –dijo Paula rápidamente.

Eugenio quería que Paula se quedase, sabía que sería peligroso, pero su presencia en la casa le gustaba.

–Quédate unos minutos descansando y cuando estés bien te vas a casa –dijo Eugenio con amabilidad.

Paula se sentía realmente **débil** y conducir en ese estado por la noche no era nada seguro. Eugenio tenía razón, descansar un poco le vendría bien. Le dio un trago a la manzanilla.

convencer	überzeugen
inesperado	unerwartet
ser *m* humano	Mensch
satisfactorio	befriedigend
retirar	*hier*: zurückstreichen (Haar)
admirar	bewundern
estrepitosamente	lärmend

–De acuerdo. Esto está muy caliente –dijo Paula mirando la taza.

–Sí, mejor espera un poco. Hablemos de tu novela. Una novela de suspense con historia de amor, ¿por qué? –preguntó Eugenio.

–Bueno, no me siento llena de energía como para **convencer** de mis respuestas... –dijo Paula sonriendo– pero lo intentaré. El amor está en todos los sitios. A veces en los más **inesperados** y eso también crea suspense, entonces están muy relacionados.

> Wenn Sie auf Spanisch ausdrücken möchten, dass jmd. in eine andere Person verliebt ist, verwenden Sie die Präposition *de:* Juan está enamorado **de** María.

–Sí, estoy de acuerdo. Pero la protagonista, Carmen, no está tan de acuerdo, no cree que se pueda enamorar de (i) alguien que es muy diferente a ella.

–Creo que simplemente tiene miedo. Miedo de lo que pueda ocurrir, de cómo es la persona de la que se enamora, miedo a equivocarse. Al fin y al cabo, el **ser humano** se equivoca y eso no es agradable ni **satisfactorio** –Paula dio un largo trago a la manzanilla.

Eugenio no podía dejar de observar a Paula. Ella **retiró** su largo pelo castaño de su cara. Para Eugenio cualquier gesto era digno de **admirar** en aquella chica.

Un repentino ruido sonó **estrepitosamente** en aquel estudio de las afueras de Madrid. Paula se asustó.

–Tranquila, es un viejo reloj que tengo en la cocina. Siempre hace ese ruido cuando marca las horas en punto.

Übung 5: Complete el texto. Lesen Sie weiter und setzen Sie die Wörter richtig ein!

aguja   tiempo   estudio   nueve   pulsera

Paula miró su reloj de **1.** ______. Se sorprendió de que la **2.** ______ pequeña marcara de repente las **3.** ______. ¿Es que había perdido la **noción** del **4.** ______? ¿Cómo podía ser? Llevaba ya dos horas en aquel **5.** ______.

–Entonces, Carmen tiene miedo. Y según la autora –dijo Eugenio sonriendo– es un miedo interior, miedo a sus propios errores. ¿No hay cierto temor al amor?
–Sí, también. Aunque diría que es miedo a lo desconocido, en este caso, el amor es el gran desconocido de Carmen.
–Hablemos del personaje masculino. ¿Cómo lo describirías? –preguntó Eugenio curioso.
–Es difícil de describir, pues es un personaje nada habitual. En realidad, quién sabe lo que es habitual, quién sabe si hay personas en la realidad como él. Quiero decir, normalmente no conoces en la parada del autobús a alguien que te dice que es capaz de leer la mente –aclaró Paula dejando escapar una pequeña carcajada– pero no quiere decir que alguien así no exista.
–Empezamos a hablar de un tema más filosófico entonces... –dijo Eugenio sonriendo.

noción *f*	*hier*: Vorstellung, Gefühl
temor *m*	Angst, Furcht
carcajada *f*	Gelächter

sangrar	bluten
malestar *m*	Unwohlsein
ponerse cómodo	es sich bequem machen
↯ montón *m*	Haufen, Unmenge
deseo *m*	*hier*: Begierde
inquietudes *f pl*	aufwühlende Empfindungen
asombroso	erstaunlich
entrelazado	*hier*: gefaltet (Hände)

La conversación sobre la novela había creado un clima de tranquilidad muy agradable, sobre todo para Paula. Se sentía mucho mejor, al fin y al cabo había llegado a ese estudio para mantener una entrevista con un editor. Aún se encontraba mal del golpe en la cabeza. Se llevó la mano a la herida. Aunque ya no **sangraba**, notaba como si tuviera una herida enorme y como si la sangre llegara con fuerza a esa parte de su cabeza.

Al notar el **malestar** de Paula, Eugenio se acercó a ella con un cojín.

–Toma, **ponte cómoda**. Te has dado un buen golpe. –De nuevo le llegó el dulce olor de Paula. Eugenio cerró los ojos tomando aire, se dejó llevar por su imaginación... Una mezcla de sentimientos le recorrió la mente, era capaz de sentir el calor de su sangre. Un **montón** de **deseos** e **inquietudes** llegaron a él. Abrió los ojos, volvió a la realidad. Ahora era Paula quien tenía los ojos cerrados. Dormida era aún más bonita. Desprendía una tranquilidad **asombrosa**. No podía dejar de mirarla. Sus manos estaban **entrelazadas** encima del vientre y los pies colgaban del enorme sofá casi tocando el suelo. Eugenio se dirigió al dormitorio para coger una manta. La luz le molestaba, así que la apagó totalmente.

La piel de Paula tenía un suave brillo gracias a la luna llena. La noche dominaba la ciudad y el silencio reinaba en los alrededores de la capital.

A la mañana siguiente, Paula notó el sol en la parte derecha de

molesto	*hier*: gestört, unbequem
resultar familiar	*hier*: bekannt sein
adivinar	*hier*: vermuten, erahnen
incorporarse	sich aufrichten
curado	geheilt

su cara. Se giró molesta y al fin abrió los ojos. En frente suya vio una estantería que no le resultaba demasiado familiar. Giró la vista, un salón, al fondo se adivinaba otra habitación. Efectivamente no era su casa. La entrevista, la novela... empezó a recordar... no sabía si era muy tarde. Se incorporó, se sentó en el sofá y vio un cojín con manchas de sangre. Se asustó en ese momento, después empezó a recordar... Se llevó la mano a la cabeza, todavía le dolía un poco, pero la herida ya se había curado. No oyó nada, ni un ruido. Miró encima del escritorio. Su novela ya no estaba allí. Lo único que había en el escritorio era un papel doblado. Se levantó para ver qué ponía:

Querida Paula:
Pensé que lo mejor sería dejarte dormir ya que necesitabas descansar. En la cocina tienes café. ¡Que te mejores!
Eugenio

Übung 6: Verdadero o falso. Welche Aussagen sind korrekt? Markieren Sie mit richtig ✔ oder falsch – !

1. Paula se desmaya en casa del editor. ☐
2. Eugenio se da un golpe en la cabeza. ☐
3. Eugenio no quería que Paula se quedara en su casa. ☐

La noche anterior había sido muy amable con ella, pensó Paula. El estudio parecía otro con la luz del día. Se acercó a la ventana. Se dio cuenta de la tranquilidad del paisaje, realmente estaba en un lugar alejado, no se veían demasiadas construcciones en los alrededores. Miró su reloj de pulsera, eran las ocho y veinte. Y era martes. Algo tenía que hacer ese día... ¡Cómo podía haberlo olvidado! A las nueve tenía una cita con un profesor en la universidad. Cogió el abrigo y la bufanda y salió **deprisa**. Se dirigió a la universidad con su coche. Encendió la radio para despertarse un poco. De camino empezó a recordar lo que había ocurrido la noche anterior. Sentía algo extraño, no podía recordar todo, era como reconstruir un puzzle. Además tenía un enorme dolor de cabeza. El sonido del teléfono móvil le hizo dar un salto.

deprisa	schnell
esforzarse	sich Mühe geben
preocuparse	sich Sorgen machen
alivio *m*	Erleichterung

Ya estaba llegando a la universidad. En la pantalla del móvil aparecía el nombre de Lucía, su mejor amiga.

–Hola, Lucía.

–¡Paula! ¿Qué tal?

–Eh...bien, estoy ya en la universidad. Te llamo en cuanto termine con la cita.

–¿Seguro que estás bien? Tu voz es como cuando estás enferma...

–No, no –replicó Paula **esforzándose** para que Lucía no se **preocupara**– estoy bien, te llamo después.

–Vale, hasta luego.

Paula colgó el teléfono con cierto **alivio**. No tenía ganas de dar explicaciones en ese momento. Ni a Lucía, ni a nadie. Ahora tenía que concentrarse en su cita.

apresurado	hastig, eilig
apoyo *m*	*hier*: Unterstützung
distracción *f*	*hier*: Ablenkung, Aufmunterung
latir	schlagen (Herz)
rayo *m*	Blitz

Tras la cita con el profesor, Paula se dirigió a la salida. Hacía un día bastante soleado. Había un montón de estudiantes en la universidad. Hablaban, reían, disfrutaban. Paula parecía estar muy lejos de todo aquello. Pero se sentía bien al haber hablado con su profesor. Estaba bajando las escaleras cuando al girar en el pasillo se encontró con Lucía. Casi se asustó al verla.

–Te iba a llamar ahora mismo... –dijo Paula **apresurada**– acabo de terminar mi cita.

–Vale...

Lucía asintió sonriendo. Siempre se habían entendido muy bien. Paula se sintió aliviada. Lucía era un gran **apoyo** para ella y estaba muy contenta de tenerla como amiga.

–¿Vamos a tomar un café? –preguntó Paula más relajada.

–Sí, claro.

Las dos amigas se dirigieron a la cafetería. Paula se sintió un poco más integrada en el ambiente universitario. Un poco de **distracción** no le vendría mal.

–Bueno, ¿y cómo fue con el editor?

El corazón de Paula empezó a **latir** más deprisa cuando escuchó las palabras de su amiga. ¿Cómo podría explicarle todo lo sucedido? Ni siquiera ella misma entendía lo que había ocurrido la noche anterior.

Paula estiró el brazo para alcanzar el azucarero. Levantó la vista y observó como los **rayos** del sol entraban por la ventana. La madera dividía la ventana en cuatro partes, a Paula le parecía que la ventana formaba una cruz.

Übung 7: Definiciones. Ordnen Sie den Wörtern ihre passende Bedeutung zu!

1. ☐ latir	a) figura formada por dos líneas perpendiculares
2. ☐ azucarero	b) línea de luz que viene del sol
3. ☐ rayo de sol	c) moverse el corazón
4. ☐ cruz	d) recipiente donde se guarda el azúcar

–Oh, ¿tan mal fue? ¿Ha **rechazado** tu novela? –Lucía preguntaba inquieta, con curiosidad.
–No, no es eso. En realidad no tengo ni idea si tiene **intención** de publicar la novela...
–Entonces, ¿qué pasó? –se inquietó Lucía.
–La cita fue bastante extraña. El editor, Eugenio, fue muy amable conmigo. Cuando llegué a su estudio, noté algo extraño. No sé decirte exactamente qué era tan raro en esa casa, había poca luz y de repente empecé a **marearme** y me desmayé. Cuando me desperté estaba tumbada en un sofá...
–¿Y eso? ¿Cómo te encuentras ahora? Tu voz por teléfono me parecía como si estuvieras enferma, ya te lo he comentado antes –dijo Lucía rápidamente.
–Gracias, estoy bien. No me explico por qué me desmayé...

rechazar	ablehnen
intención *f*	Absicht
marearse	schwindlig werden

confundir	*hier*: verwirren
justificar	rechtfertigen
nota *f*	Nachricht
intrigante	*hier*: spannend, fesselnd
intriga *f*	*hier*: Wissbegierde
rendirse	sich ergeben

–¿Qué pasó después?

–Bueno, creo que me quedé dormida... No, no, no es lo que estás pensando... Es que cuando me desmayé me di un golpe en la cabeza y no me encontraba bien. Al final comenzamos a hablar de la novela. Hasta que me quedé dormida y cuando me he despertado esta mañana no sabía ni siquiera donde estaba...

–Es normal, tendrás una buena herida –dijo Lucía.

–Sí, creo que el golpe me **confundió** bastante... –intentó **justificar** de algún modo Paula.

–¿Y has vuelto a ver a Eugenio?

–No, fue como si se lo hubiera tragado la tierra. Eso sí, me dejó una **nota**.

–¿Qué ponía en la nota?

–Sólo que me pusiera bien. Como te digo, muy amable. Pero había algo de **intrigante** en él, en sus ojos... Tenía una sensación extraña, como de tranquilidad e **intriga** a la vez, era como si no me pudiera ir de aquel estudio y al mismo tiempo quisiera salir corriendo de allí... ¿Crees que me estoy volviendo loca?

–No, Paula –dijo Lucía con voz tranquilizadora–. Sin embargo creo que deberías descansar, has estado con mucho estrés en los últimos meses.

–Sí, tienes razón. Por otro lado tengo que luchar por publicar la novela. Y parece que a Eugenio le ha gustado lo que he escrito.

–Pero si ayer tenías esa sensación en su casa, ¿por qué no pruebas a mandar la novela a otra editorial?

–Ésta ya es la tercera vez que lo intento y no voy a **rendirme**. ¡Tengo que conseguirlo!

decepcionado	enttäuscht
consejo *m*	Rat, Tipp
desconfiar	misstrauen
tener algo bajo control	etw. unter Kontrolle haben

–Lo sé, pero igual él no es la persona adecuada. Me parece que está un poco loco...
Paula se sintió **decepcionada** al oír las palabras de Lucía. Quiso responder a su amiga, pero no encontró las fuerzas.
–Mira, Paula, creo que lo mejor es que no vuelvas a ver a Eugenio. Tienes mucho talento y no es el único editor del planeta.
Para Paula no era una decisión tan fácil. Además de su novela sentía que había algo más que le unía a Eugenio.
–Bueno, me tengo que ir –dijo Lucía–. Cuídate esa herida.
Mientras su amiga desaparecía por la puerta, Paula se quedó pensando en su **consejo**. Lucía se preocupaba por ella, nada más. No tenía ninguna razón para **desconfiar** de Eugenio, ciertamente la había tratado muy bien. Era sólo que había algo extraño en toda esta historia y no sabía exactamente qué.
El sol brillaba con fuerza y, aunque era invierno, la temperatura no era demasiado baja.

Übung 8: Complete el texto. Lesen Sie weiter und ergänzen Sie die fehlenden Verbendungen!

Paula **1.** sent_____ que no lo **tenía** todo **bajo control.** No **2.** sab_____ si lo correcto sería seguir el consejo de Lucía. No podía tomar una decisión, así que **3.** pen_____ que lo mejor que podía hacer era irse a casa y descansar. **4.** Sal_____ con su coche sin gran entusiasmo y después **5.** encend_____ la radio para animarse un poco.

desconectar	abschalten
botiquín *f*	Hausapotheke, Medikamentenschrank
agua *f* oxigenada	Wasserstoffperoxyd
curar	heilen

Paula sabía que tenía la cabeza en otra parte, se daba cuenta de que no podía olvidarse de Eugenio ni podía concentrarse en su vida cotidiana.

Por fin llegó a su barrio. Le alegraba volver a casa. Era una sensación agradable. Allí podría **desconectar** de todo. Como de costumbre puso la tetera en el fuego. Se puso ropa cómoda y se dirigió al cuarto de baño. El **botiquín** estaba prácticamente vacío, pero tenía lo que necesitaba: **agua oxigenada** y algodón. Suficiente para **curar** la herida. Estaba algo desorientada, sin duda necesitaba descansar. Se miró al espejo, su pelo castaño le caía sobre los hombros. Miró sus ojos, también castaños. Se acordó de los ojos de Eugenio, tan negros y profundos... Tenía miedo de esos ojos, de esa oscuridad. Paula abrió el grifo, el agua estaba muy fría, pero necesitaba algo que le despertara. Llenó sus manos con agua y se la echó por la cara. La frialdad del agua le despertó e incluso se sintió aliviada. Fue a la cocina, el té ya estaba listo.

Übung 9: El plural. Bilden Sie die richtige Pluralform!

1. la sensación ______________________
2. la situación ______________________
3. la oportunidad ______________________
4. la historia ______________________

Con la taza de té en la mano se dirigió al dormitorio. Delante de la ventana estaba su mesa de trabajo. Allí encima había un ejemplar de su novela. Todos sus sueños estaban allí, en aquellas hojas. Se sentó en la silla que había al lado del escritorio. Era su lugar de trabajo y normalmente allí se sentía cómoda. Estaba preocupada por su futuro y tenía casi una sensación de miedo. ¿Y si realmente no tenía talento? Dos personas habían rechazado su novela, ¿por qué una tercera la iba a publicar?
Tenía el ejemplar entre las manos. No pudo evitar sonreír. En el fondo sabía que **merecía** una oportunidad y quizás esta era la suya, con Eugenio. No podía dejarla escapar por un simple desmayo. Pero por otro lado, su intuición le decía que aquella historia tenía algo de peligroso. ¿Y si su intuición se equivocaba? No tenía argumentos para confiar ni para desconfiar. Ahora si que **estaba hecha un lío**. Realmente no podía decidirse.
Levantó la vista. De repente le pareció que su vida ya no era tan real como antes, la cita con Eugenio, su novela, el desmayo... le pareció todo tan irreal... Paula sintió que una nueva etapa comenzaba en su vida. No tenía miedo, pero sí dudas. Decidió no pensarlo más, no quería pensarlo más. Con la novela en la mano se dirigió a la cama. Abrió el ejemplar de su novela por una página cualquiera, **al azar**. Comenzó a leer. Eso le ayudaría a **distraerse** y olvidarse del mundo real. Pero se sintió terriblemente cansada. Los **párpados** cada vez le pesaban más. Cuando llegó al final de la página sus ojos ya estaban cerrados. Rápidamente el sueño ganó la batalla y Paula durmió profundamente.

merecer	verdienen
↯ estar hecho un lío	völlig durcheinander sein
al azar	zufällig, aufs Geratewohl
distraerse	sich ablenken
párpado *m*	Lid

2 Una llamada inesperada

Aquel horrible sonido le producía un enorme dolor de cabeza. Era el sonido de un animal, quizás el de un pájaro. No sabía cómo definirlo. No era el sonido de un **inofensivo** pájaro, sino el de uno **amenazante**. Claro, estaba en plena naturaleza, rodeada de una gran **variedad** de plantas y animales. Sentía que empezaba a **estar en peligro**. Su corazón latía cada vez más fuerte por el miedo y empezó a correr, **huyendo** de aquel **temible** lugar. Se asustaba de sus propios movimientos, sombras a su alrededor se movían con rapidez. Se cayó, volvió a levantarse lo más rápidamente posible, se **arañaba** con las ramas, pero tenía que seguir corriendo. No podía hacer otra cosa. El bosque era verde y **frondoso**. Siguió corriendo, al fin parecía que había salido de allí. Por lo menos había más luz. El bosque seguía más allá, pero entre árboles y caminos consiguió ver un lago. A la orilla del lago había una pequeña casa blanca. Todavía asustada se acercó a la casa. Alguien le ayudaría. Seguramente allí viviría un campesino que conocía bien el lugar. Se acercó a la puerta principal, **asomándose** al interior. Allí no se oía nada.

inofensivo	harmlos
amenazante	drohend, bedrohlich
variedad *f*	Vielfalt
estar en peligro	in Gefahr sein
huir	fliehen
temible	Furcht erregend
arañar	kratzen
frondoso	dicht belaubt
asomarse	*hier*: hineinschauen

pista *f*	*hier*: Idee, Ahnung
telarañas *f pl*	Spinnennetz
abandonado	verlassen
invadir	überkommen

–Hola... ¿hay alguien ahí?
Nadie contestó. Pero, ¿qué podía esperar de un lugar así?
Finalmente entró en la enorme habitación. Carmen quería averiguar algo más. Sin embargo no había nada que le diera una **pista**, algo que le pudiera ayudar a saber dónde estaba. Sólo veía herramientas llenas de polvo y **telarañas** y sólo oía el ruido que hacían las moscas al volar a su alrededor. Empezó a pensar que era una casa **abandonada**. Al lado de ese temible bosque, ¿quién podría haber vivido allí?
De repente oyó un ruido detrás de ella.
–¿Qué haces aquí? –dijo una voz masculina. Sin duda esa voz le resultaba familiar.
Carmen se giró rápidamente. No pudo decir ni una palabra. ¿Cómo podía ser? Era Ramiro. Una extraña mezcla de tranquilidad y nerviosismo **invadió** a Carmen. No podía comprender que hacía Ramiro allí.

Übung 10: Busque los errores. Lesen Sie weiter und markieren Sie die sechs Fehler im Text!

-¡Menos mal! Me e perdido en el enorme bosque...
-Carmen quería explicarle la situazión, pero por alguna racón no podía. Le benían las ideas a la mente, pero no era capaz de ordenarlas y espresarlas.
-Tranquila -dijo Ramiro sin querer saber más.
Carmen se azercó a él, con paso lento e inseguro. Por fin reconocía al verdadero Ramiro, con su amable sonrisa.

de alguna manera	irgendwie, auf irgendeine Weise
tenso	angespannt
desconfiado	misstrauisch
a salvo	in Sicherheit
apropiado	angemessen
capacidad *f*	Fähigkeit
los demás *m pl*	*hier*: die Anderen

Se había tranquilizado y casi había olvidado el miedo que había pasado en el bosque, pero **de alguna manera** no estaba totalmente tranquila. Su cuerpo aún estaba **tenso** por la situación que acababa de vivir.

Carmen miró a un lado y a otro, **desconfiada**. Pensaba que el peligro podía llegar en cualquier momento.

–Aquí estás **a salvo** –dijo Ramiro con un tono tranquilo.

Él siempre decía algo **apropiado**, era como si le dijera lo que ella quería oír. Carmen pensó que era de ese tipo de personas que tienen algo especial, no sabía si era intuición o **capacidad** para comprender a **los demás**; pero sabía que se trataba de alguien a quien no tenía que dar muchas explicaciones. Esto era lo que más le gustaba de él.

–Espera aquí –dijo Ramiro dirigiéndose a unas escaleras que había dentro de la casa– te traeré algo de ropa, se hace de noche y aquí baja mucho la temperatura.

Carmen lo vio desaparecer por las escaleras. Estaba totalmente desorientada. ¿Por qué estaba allí? ¿Y Ramiro qué hacía allí? ¿Y por qué conocía Ramiro ese lugar?

Carmen salió de la casa, miró a su alrededor intentando buscar una explicación. Caminó hacia el lago para poder verlo mejor. Había una vista magnífica, un paisaje natural muy bonito. Soplaba una agradable brisa. Siguió caminando e intentó no pensar en nada. Se dio la vuelta, ¿dónde estaba? El lago había desaparecido y con él aquella casa y Ramiro... Sólo había tierra a su alrededor. Otra vez sintió miedo y empezó a correr. Otra vez cambió el escenario. Ahora estaba en una calle, delante de un portal. Siguió caminando con intención de girar en la esquina. Al girar allí, se encontró con algo conocido. Sintió como su corazón se paraba durante un segundo, sólo podía ver unos enormes ojos negros. Y oscuridad. Sabía que estaba corriendo de nuevo porque le dolían las piernas y no podía respirar con normalidad. Miró a todos los lados. Hojas, ramas, piedras, árboles frondosos. Tenía la sensación de ya haber vivido esta situación. Efectivamente, estaba en el mismo bosque de antes. ¿Qué hacía allí de nuevo? No podía salir del laberinto. Miró hacia atrás. Detrás de ella, corriendo muy rápido estaba Eugenio. Un sonido a lo lejos, un sonido que se repetía...

Übung 11: El intruso. Welches Wort ist das „schwarze Schaf"? Unterstreichen Sie!

1. hoja rama lago árbol
2. correr andar sentarse caminar
3. piernas pies zapato dedos
4. rápido veloz lento deprisa

Paula se despertó asustada. Era el sonido de su teléfono lo que había oído en sus sueños. Su corazón aún latía fuerte, lo había vivido con tanta intensidad que casi no podía creerse que no era real. **Suspiró** fuertemente, se alegraba de que la realidad fuera otra. El teléfono seguía sonando. Todavía dormida intentó ver quién le llamaba.

suspirar	seufzen

–¡Dios mío! –pensó Paula.

Era Eugenio. Paula respiró profundamente. No se **atrevía** a contestar la llamada, pues no quería oír malas noticias. Finalmente **descolgó el teléfono**.

Übung 12: Unir frases. Welche der folgenden Satzteile gehören zusammen? Ordnen Sie zu!

1. ☐ La autora — **a)** dudaba si publicar la novela.
2. ☐ El camarero — **b)** corrige los deberes.
3. ☐ El editor — **c)** aprobó el examen.
4. ☐ La estudiante — **d)** escribirá un nuevo libro.
5. ☐ El profesor — **e)** sirvió el vino.

–Sí... –dijo Paula **tímidamente**.

–Hola Paula –saludó Eugenio.

–Hola Eugenio, ¿qué tal? –Paula se estaba poniendo nerviosa.

–Bien, gracias. Pero creo que eso debería preguntártelo yo a ti...

Paula sonrió al oír el tono de voz tan relajado con el que hablaba Eugenio.

–Sí, estoy bien. Perdona por lo del otro día, no sé lo que...

–Bueno, te quedaste dormida. No pasa nada –respondió Eugenio–. Perdona que no estuviese cuando te despertaste...

–No te preocupes, demasiado que me quedé a dormir.

atreverse	sich trauen
descolgar el teléfono	den Hörer abnehmen
tímidamente	schüchtern

–¿Leíste mi nota? –preguntó Eugenio.

–Sí, gracias por preocuparte...

–Bueno, es lo mínimo que podía hacer en ese momento después del golpe que te habías dado...

Paula se sintió **avergonzada** al hablar con Eugenio de que se había quedado dormida en su casa.

–Por cierto, ¿cómo te encuentras? ¿Qué tal está la herida?

–Mejor, ya se está curando... Lo siento, de verdad, no sé lo que me pudo pasar... –añadió Paula.

–Bueno, no te preocupes, esas cosas pasan... Lo mejor que podemos hacer es empezar de nuevo. Así que si te **apetece** que quedemos otra vez y así poder hablar de la novela... ¡pero esta vez en otro sitio diferente que en mi casa! –dijo Eugenio riéndose.

avergonzado	beschämt
apetecer	Lust haben
emoción *f*	*hier*: Aufregung
entusiasmado	begeistert

¡Por fin! ¡Sí! Quería volver a quedar con ella... Su futuro como escritora tenía más posibilidades.

–Ah, genial, sí, claro –respondió Paula intentando esconder su nerviosismo.

–¿Te parece bien esta noche? Conozco un restaurante estupendo en el centro. Si quieres paso a recogerte a eso de las nueve... ¿Te parece?

El corazón de Paula latía lleno de **emoción**.

–Sí, muy bien –no quería parecer demasiado **entusiasmada**.

Se quedaron un momento sin decir nada.

–Muy bien, entonces... ¡hasta luego!

–¡Hasta luego! –dijo Paula con alegría y un segundo después colgó el teléfono.

pesadilla *f*	Alptraum

Se quedó pensando si sería una cita o no. No parecía demasiado formal, pero Eugenio había dicho que el motivo por el que quedaban era la novela. Así que era una cena de trabajo. En cualquier caso eran buenas noticias para Paula, parecía que la publicación de su libro estaba cada vez más cerca.
Después de la **pesadilla** que había tenido le pareció la cita con Eugenio una buena manera de despertar y olvidarse de ese horrible sueño.

Übung 13: Imperfecto o indefinido. Lesen Sie weiter und unterstreichen Sie die richtige Variante!

Paula **1.** se iba / fue a la cocina, nunca **2.** desayunaba / desayunó demasiado, pero un café y unas tostadas le sentarían bien. **3.** Encendía / Encendió la radio. Sonaba una de sus canciones favoritas, en inglés. Paula notaba como el buen humor **4.** estuvo / estaba con ella. A pesar de la horrible pesadilla que había tenido **5.** se encontraba / se encontró bien, tenía la sensación de que iba a ser un buen día. **6.** Miró / Miraba por la ventana de la cocina.

Parecía que hacía frío aunque ya brillaban los primeros rayos de sol.
Se sentó a tomar el desayuno mientras escuchaba la radio. No tenía explicación para su pesadilla. Los personajes de su libro tomaban vida en su pesadilla. ¿Por qué había soñado con su

propio libro? Aún peor, había soñado que ella misma era Carmen. ¿Tanto estrés le causaba el libro que soñaba con ello? Era la primera vez que recordaba que soñaba algo así. En la pesadilla todo era misterioso, de repente no sabía dónde estaba, de repente veía esos ojos negros...

No se explicaba por qué Eugenio aparecía también en la pesadilla. Carmen, Ramiro e Eugenio. Era una mezcla de la ficción y de la realidad. ¿Y por qué Eugenio estaba también en sus sueños?

confusión *f*	Verwirrung, Durcheinander
buscar una interpretación	analysieren
satisfecho	zufrieden

Paula pensó que el desmayo en casa de Eugenio le había llevado a esta situación de confusión. O quizás por la herida de la cabeza. Tocó con su mano derecha la herida. Estaba mejor, pero aún le dolía.

Siempre que tenía una pesadilla se despertaba desorientada y siempre intentaba buscar una interpretación. Paula comenzó a reflexionar sobre la novela, nunca había tenido la sensación de estar satisfecha con lo que había escrito. Había algo que no le convencía en su propio texto.

Luego se le ocurrió llamar a Lucía para darle la buena noticia, al fin parecía que a un editor le había gustado su novela. Recordó las palabras de su amiga diciéndole que lo intentara con otro editor. Así que decidió no contárselo a nadie. No quería que nadie le quitara su buen humor.

Se dedicó a leer textos para la universidad durante prácticamente todo el día. Así no pensaría en la cita con Eugenio.

A última hora de la tarde no pudo evitar ponerse nerviosa. No sabía qué ropa ponerse, ni siquiera sabía si se trataba de una cita o de una cena de trabajo. Lo único que sabía es que estaba entusiasmada. Por fin alguien tenía interés en su novela.

debajo de la casa	unten, vor dem Haus
cuidadosamente	sorgfältig

Cuando el reloj del salón marcó las nueve, Eugenio ya estaba esperando a Paula debajo de su casa. Ésta se asomó por la ventana, vio un coche gris oscuro y se puso nerviosa al pensar que sería él.

Esperó a que sonara el timbre. Se miró en el espejo de la entrada del piso, suspiró y salió de casa. Cuando se montó en el coche ella misma se sorprendió de la elegancia de Eugenio. Llevaba un traje oscuro y una corbata del mismo color, el pelo peinado cuidadosamente hacia atrás y su perfume refrescaba el ambiente. Paula estaba realmente entusiasmada. Se acercó para saludarle y se dio cuenta del brillo de sus ojos, había algo especial esa noche en su mirada. Se dieron dos besos y se dirigieron al centro de Madrid. Cuando aparcaron observaron el ambiente que había esa noche en la ciudad. Madrid parecía no querer dormir y esto les llenó a ambos de energía positiva.

Übung 14: Preposiciones. Unterstreichen Sie die richtige Variante!

1. Paula comenzó a reflexionar hacia / sobre la novela.
2. Se le ocurrió llamar a / en su amiga Lucía para darle la buena noticia.
3. Se dedicó para / a leer textos para la universidad.
4. Así no pensaría de / en la cita con Eugenio.
5. Por fin alguien tenía interés en / a su novela.

Se dirigieron al restaurante que Eugenio había elegido. A Paula le pareció un lugar **acogedor**. El camarero les **acompañó** con amabilidad hasta la mesa que Eugenio había reservado.
Eugenio le preguntó a Paula si quería beber algo.
–Una copa de vino tinto sería perfecto –dijo Paula sonriendo. A ella le resultaba un poco **incómoda** la situación.
–¿Te gusta el restaurante? –preguntó Eugenio preocupado, pues notaba que Paula estaba tensa.
–Sí, está muy bien. No lo conocía.
–Pensé que aquí podríamos hablar tranquilamente sobre la... –el camarero **interrumpió** a Eugenio. Pidieron dos copas de vino tinto mientras el camarero les entregaba las cartas.
Los dos eligieron los platos. Al cerrar las cartas, se sonrieron y enseguida bajaron la mirada. El camarero llegó con las copas.
Eugenio sonrió. Notó que Paula estaba especialmente guapa esa noche. Llevaba un vestido negro, elegante pero sencillo y el pelo **recogido** dejando ver su cuello fino.
–Tengo que decirte que no he terminado de leer tu novela.
Paula se intranquilizó de repente. ¿Malas noticias? Sabía que tenía que cambiar algo en la novela...
Eugenio notó que la cara de Paula se ponía un poco triste.
–No, no –dijo **disculpándose**–. Es que no he tenido demasiado tiempo últimamente. Pero lo que he leído...
El camarero interrumpió de nuevo, esta vez con platos de comida. Encima de la mesa puso un par de platos: uno con jamón serrano y otro con gambas.

acogedor	gemütlich
acompañar	begleiten
incómodo	unbehaglich
interrumpir	unterbrechen
recogido	*hier*: hochgesteckt (Haar)
disculparse	sich entschuldigen

adelantar	*hier*: vorwegnehmen
conferencia *f*	Vortrag
siglo *m*	Jahrhundert

–¿Qué estabas diciendo? –preguntó Paula nerviosa.
–Sí, tu novela... no he podido terminar de leerla, pero lo que he leído hasta ahora me ha gustado mucho. Paula suspiró y un segundo después sonrió. No pudo evitarlo. Esas eran las palabras que había querido escuchar desde hace mucho tiempo. Sintió un gran alivio.
–Me alegro mucho que te haya gustado –dijo Paula mientras tomaba vino.
–En serio, el estilo está muy bien y tengo gran curiosidad por saber lo que pasará.
–Entonces no te **adelantaré** nada –respondió Paula riéndose.
El ambiente ahora era mucho más relajado. Paula estaba contenta y Eugenio sentía que tenía la situación bajo control.
–Está todo riquísimo –dijo Paula entusiasmada–. Sin duda ha sido una buena elección por tu parte.
Paula se dio cuenta que Eugenio apenas comía. Pero tenía que entender de restaurantes, porque la comida estaba riquísima.
–Me alegro. Bueno, cuéntame algo más de ti. En tu currículo he leído que estás estudiando en la universidad.
–Sí, así es. Siempre me ha gustado la literatura y decidí estudiarla en la universidad. Tengo mucho trabajo, pero lo hago con mucho gusto.
–Hace poco hubo unas **conferencias** en tu universidad, ¿no?
–Sí, así es. Hace dos semanas más o menos. ¿Tú también fuiste? –preguntó Paula entusiasmada.
–Sí, estuve en un par de conferencias, pero no pude asistir a todas las que hubiera querido.
–Entiendo. Muchas veces es así. A mí me encantó la de literatura del **siglo** XX –dijo Paula.

Hablaron largo y tendido sobre literatura, parecía que habían encontrado un tema de conversación en el que los dos estaban interesados.

en común	gemeinsam
velada *f*	Abend

Paula se alegraba cada vez más de haber aceptado la cita con Eugenio. Le parecía que Eugenio era una persona muy interesante y simpática, además tenían bastante **en común**.
El vino le hacía relajarse un poco más. Llegaron los segundos platos y el ambiente era cada vez más agradable. Se iban conociendo y poco a poco se sentían más relajados el uno con el otro. Así continuó la **velada**.

Übung 15: Elección múltiple. Welcher Satz ist korrekt? Kreuzen Sie an!

1. a) ❒ A Eugenio no le gusta la novela de Paula.
   b) ❒ A Eugenio le gusta mucho la novela de Paula.

2. a) ❒ Eugenio tiene interés en seguir leyendo la novela.
   b) ❒ Eugenio le dice a Paula que seguirá leyendo la novela, pero en verdad no lo va a hacer.

3. a) ❒ No comparten los mismos gustos literarios.
   b) ❒ Tienen en común que les gusta literatura.

4. a) ❒ Paula se siente cómoda porque han encontrado un tema de conversación en común.
   b) ❒ Paula se siente incómoda porque no tienen nada en común.

atrevido	gewagt
imaginaciones *f pl*	*hier*: Einbildung
servicio *m*	*hier*: Toilette

–Bueno, te toca, ¡cuéntame algo sobre ti! –dijo Paula un poco **atrevida**.
Eugenio se limpió la boca con la servilleta y sonrió.
–Sí, bueno, mi vida tampoco es muy interesante... Trabajo como editor, ya lo sabes...
–Sí, eso ya lo sé –dijo Paula riéndose–. Seguro que hay algo que no sé de ti, nos acabamos de conocer...
De repente Paula notó un movimiento extraño en el fondo de la sala. Había visto algo como una sombra que se movía con rapidez detrás de Eugenio.
Se le cayó el tenedor encima del plato, haciendo un enorme ruido. Paula se sintió avergonzada. El camarero se giró hacia la mesa donde estaban sentados. Paula no sabía qué decir. Sólo intentaba explicarse a sí misma lo ocurrido.
–¿Estás bien? –preguntó Eugenio que se había dado cuenta que Paula estaba un poco insegura.
–Sí, sí... Es que he notado algo, no sé, como si alguien o algo se hubiera movido muy rápidamente, justo detrás de ti... –Paula hizo un gesto indicando hacia el fondo del restaurante.
–Ah, ¿sí? –respondió Eugenio– pues yo no he notado nada...
Paula se dio cuenta de que Eugenio no estaba tan tranquilo como de costumbre. Sin embargo no quiso decir nada, no quería acabar con la magia de la cena.
–Serán **imaginaciones** mías. Quizás he bebido demasiado vino –respondió Paula.
Pero en vez de continuar con la conversación, Eugenio preguntó:
–¿Me disculpas un momento? Voy al **servicio** –y se levantó rápidamente de la silla.

Übung 16: Complete el texto. Lesen Sie weiter und setzen Sie die korrekte Verbform ein!

Paula asintió con la cabeza. **1.** Coger __________ su copa de vino y **2.** volver __________ a dejarla en su sitio. Ya había bebido suficiente. De repente y sin saber por qué razón **3.** recordar __________ su pesadilla, las sombras, la rapidez, la desorientación... Ese momento en el restaurante parecía haber sido sacado de su pesadilla, la rapidez con la que se había movido esa sombra como en su pesadilla. Por un momento **4.** sentir __________ el mismo miedo que en su sueño. Sin duda todavía **5.** estar __________ asustada, había soñado la pesadilla con tanta energía que le parecía real.

Y ahora cualquier movimiento llamaba su atención. Pero estaba convencida de que había visto algo o a alguien moverse muy rápidamente.

Mientras llamaba al camarero para pedirle una botella de agua vio al fondo del restaurante a una persona que se parecía a Eugenio, con un traje negro y elegante. Miró de nuevo para ver si era él. Los servicios estaban en el otro lado del restaurante, por lo menos así venía **indicado** en el **letrero**. Pero Eugenio – ¿no

indicado	*hier*: angezeigt
letrero *m*	Schild

había dicho que iba a ir al servicio? Sin embargo el traje de aquella persona era muy parecido y tenía la misma altura que Eugenio. Paula le siguió con la mirada, si era Eugenio, ¿qué estaba haciendo allí? Paula por un instante se giró hacia donde estaban los servicios. Cuando miró otra vez en la misma dirección de antes, la persona ya no estaba. ¿Cómo podía ser?

–Qué raro… –pensó Paula en voz alta.

–¿El qué? –respondió Eugenio de repente.

⚡ pegar un salto	aufspringen
susto *m*	Schreck
comportarse	sich benehmen
doble *m*	Doppelgänger

Paula **pegó un salto** en la silla.

–¡Qué **susto** me has dado!

Paula se llevó la mano al corazón.

–¿Qué ocurre? –preguntó Eugenio.

–Pensé que estabas allí… o alguien que se parecía a ti… y de repente estás aquí –contestó Paula con risa nerviosa. Al oírse ella misma pensó que lo que estaba diciendo no tenía sentido. Eugenio empezaría a pensar que estaba loca si seguía **comportándose** así.

–He ido al servicio, está en el otro lado –respondió Eugenio señalando el letrero–. Hay gente que dice que todos tenemos un **doble** en este mundo –luego dijo entre risas.

Paula sonrió. Que otra persona llevara un traje negro no significaba nada.

–Bueno, voy a pedir la cuenta –dijo Eugenio.

Se despidieron del camarero y salieron del restaurante. En la calle Paula se sintió mucho mejor. Por lo menos el frío la despertaría un poco. Los dos juntos se dirigieron al coche y Eugenio acompañó a Paula a casa.

En realidad había sido una noche muy bonita, aunque también algo extraña, pensó Paula.

precaución *f*	Vorsicht

Llegó el momento de la despedida. Paula quería hablar de la próxima cita, pero no sabía cómo decirlo. En realidad ella misma no sabía si quedarían por cuestiones de trabajo o como amigos. Pero sabía que quería volver a ver a aquel hombre.

–Bueno, si quieres que hablemos sobre la novela... o de cualquier cosa, llámame –por fin dijo Paula sonriendo.

Eugenio asintió con la cabeza.

–Te prometo que terminaré de leerla en cuanto pueda –respondió y se despidió de ella deseándole buenas noches. Pero no movió su coche hasta que no vio entrar a Paula en el portal. Sabía que era mejor actuar con **precaución**.

Übung 17: Preguntas. Beantworten Sie die Fragen zum Text!

1. ¿A quién ve Paula cuando le quiere pedir una botella de agua al camarero?

____

2. ¿Dónde va Eugenio?

____

3. ¿Por qué se asusta tanto Paula cuando Eugenio vuelve?

____

excusa *f*	Ausrede
tomar en serio	ernst nehmen
nublarse	sich bewölken
trueno *m*	Donner

Realmente hacía una noche estupenda a pesar del frío. O por lo menos él se sentía así. Eugenio pensó cómo volver a su casa. Si cruzaba por el centro de la ciudad, pasaría cerca del parque del Retiro. Decidió parar el coche y dar un paseo por el parque. Aunque por la noche cerraban el parque él no tenía problemas para entrar. Aparcó el coche y dio un salto por la muralla que rodeaba el recinto. En el parque paseó hasta llegar al lago. Se sentó en las escaleras de enfrente y empezó a pensar en Paula. Se estaba acercando mucho a ella y eso podía ser peligroso. Por otro lado no quería alejarse de ella, era guapísima y ese olor tan dulce... No podía olvidarse de ella tan fácilmente.

A Eugenio le preocupaba un poco que Paula hubiera visto algo extraño durante la cena en el restaurante. Sólo esperaba que no le hubiera dado demasiada importancia. Pensó que con la **excusa** de que había bebido vino no **tomaría en serio** lo ocurrido. Eugenio sabía que era muy difícil ocultarlo, pero tenía que intentarlo de todos modos.

El cielo se empezó a **nublar**. Parecía que venía tormenta. En unos minutos tenía encima de él un montón de nubes grises. Se oía algún **trueno** de vez en cuando.

Eugenio sabía que algo pasaba. Levantó la vista y vio como la luz de un rayo iluminó todo el parque. Comenzó a llover. Más rayos siguieron cayendo. Empezó a ponerse nervioso. ¿Qué significaba aquello? Se levantó para salir del parque, pero justo en este momento notó algo detrás de él. Un trueno rompió en el cielo y fue como si éste se partiera en dos. Se giró rápidamente y se encontró con Ángel, el ser que más odiaba en este mundo.

–Oh, no –dijo Eugenio en voz baja.

Übung 18: Ensalada de letras. Stellen Sie die Wörter richtig um und enträtseln Sie das Lösungswort!

1. L V I L U A _ _ _ □ _ _
2. U B E N _ _ _ □
3. N E E I V _ □ _ _ _
4. O Y R A _ _ _ □
5. R U T N E O □ _ _ _ _ _
6. T M O E R T N A _ _ _ _ _ □ _ _

Lösung: □ □ □ □ □ □

¿Por qué venían ahora? ¿Qué querían? Tenía que estar atento, podían **atacarle** en cualquier momento. Escuchó un ruido, y otro, y otro. Estaba rodeado. No podía salir de allí. En frente estaba Ángel y detrás de Eugenio habían aparecido tres más de los compañeros de su **enemigo**. Vestidos de negro, su piel blanca brillaba en la noche. ¿Qué podía hacer? Él estaba solo. Sería muy difícil luchar contra ellos.

–¿Qué queréis? –preguntó Eugenio.

Ángel respondió con una carcajada que acompañó a la **ruidosa** tormenta.

atacar	angreifen
enemigo *m*	Gegner
ruidoso	geräuschvoll

–Ya sabes cómo funciona esto… –respondió Ángel–. ¿Se te ha olvidado quién eres? ¿O crees que puedes tener citas con humanas tan fácilmente?

–Era una cita de trabajo –respondió Eugenio con tono **enfadado**.

De nuevo una carcajada que cayó como un trueno.

–Ya es la segunda vez que aparecéis esta noche, ¿qué queríais en el restaurante? –preguntó Eugenio.

–Queríamos conocer a tu nueva amiga...

–Ya te he dicho que era una cena de trabajo –respondió Eugenio.

Ángel se acercó a Eugenio. Su piel brillaba con los rayos y se podía ver **ira** en sus ojos.

–No puedes olvidar que estamos en el mismo lado –dijo Ángel en tono amenazante–. No puedes actuar como si no fueras un vampiro.

Sabía que en el fondo Ángel tenía razón, pero él no quería comportarse como uno de ellos. Al fin y al cabo eran sus enemigos, ningún buen ejemplo a seguir.

Los cuatro vampiros se levantaron de un salto y Ángel se acercó a Eugenio. Empezó a olerle la ropa.

–Es el mismo olor que había en el restaurante... Mmmm, ¡qué olor más dulce e inocente! –dijo Ángel sonriendo–. Me puedo imaginar cómo será la sangre de esa chica...

Ángel se dio la vuelta, hablando a los otros vampiros que estaban con él:

–¿Os gustaría probarla?

Los demás se rieron. Sabían que podían atacar a Paula en cualquier instante.

Eugenio no **dudaba** que era mejor no decir nada en ese momento. Si él se mostraba **vulnerable**, era muy probable que le fueran a atacar...

enfadado	verärgert
ira *f*	Wut
dudar	bezweifeln
vulnerable	verwundbar

Ángel miró a Eugenio. Y dijo lentamente, con voz maliciosa (i):

–Ya sabes... te estamos vigilando... siempre –y soltó otra carcajada.

Los cuatro vampiros desaparecieron con la tormenta y un inmenso silencio **permaneció** en el parque.

Eugenio se volvió a sentar en las escaleras mojadas por la lluvia mirando el lago. Sabía que **a partir de ese momento** Paula estaría en peligro.

permanecer	verbleiben, zurückbleiben
a partir de ese momento	von jetzt an

Die Hauptbedeutung von **malicioso** ist *boshaft, arglistig*. Der Begriff malicioso kann aber auch *argwöhnisch* oder *misstrauisch* bedeuten.

3 Pesadilla en el parque

Paula se despertó con los primeros rayos de sol entrando por su ventana. Abrió los ojos lentamente y miró la hora en el despertador que estaba encima de la **mesilla**. Eran casi las ocho de la mañana. Se levantó y se dirigió como cada mañana a la cocina para preparar el desayuno. Encendió la radio. Las noticias de las ocho empezaban con la melodía de siempre, después la periodista informó:

"Esta noche ha ocurrido un extraño suceso en el parque del Retiro, en el centro de la capital: dos chicos resultaron heridos al parecer por el **ataque** de un animal. Los dos jóvenes, M.P. de veinticuatro años y R.T. de veintiséis años, informaron en una entrevista con Radio Madrid que se quisieron **refugiar** de la tormenta pero por el camino algo les atacó. Los trabajadores del parque los encontraron **de madrugada**. De momento se recuperan sin complicaciones. Nadie se atreve a dar una explicación lógica sobre lo ocurrido."

La noticia dejó a Paula un poco confusa. Por lo que ella sabía ese parque no era peligroso. Además estaba en medio de la ciudad, ¿qué tipo de animal podría atacar allí? Seguramente les haya atacado

mesilla *f* **(de noche)**	Nachttisch
ataque *m*	Angriff
refugiarse	sich in Sicherheit bringen, sich unterstellen
de madrugada	am frühen Morgen

un perro, de noche no se distingue nada, pensó Paula.
En la radio empezaron a hablar sobre un reportaje de viaje, no le interesaba así que la apagó.
Después de desayunar se sentó en su mesa de trabajo. Empezó a leer textos sobre literatura para la universidad. En seguida se dio cuenta de que su concentración estaba muy lejos de aquella mesa, de aquella habitación. En su cabeza aparecían imágenes de la noche anterior. Había sido una velada estupenda, Eugenio y ella se entendían perfectamente, había mucha química entre los dos. Paula se sentía como si tuviera quince años y estuviera viviendo su primer amor en el colegio. No podía evitar reírse de la situación.

Übung 19: Palabra escondida. Übersetzen Sie die Begriffe und enträtseln Sie das Lösungswort!

1. Journalist ☐ _ _ _ _ _ _ _ _ _
2. Bericht _ ☐ _ _ _ _ _ _ _
3. gefährlich _ _ ☐ _ _ _ _ _ _
4. Nachricht _ _ _ ☐ _ _ _
5. Bild, Vorstellung _ _ _ ☐ _ _
6. Liebe _ _ _ ☐
7. Ereignis _ _ _ _ _ ☐

Lösung: ☐☐☐☐☐☐☐

Paula guardó los textos en la carpeta. No podía concentrarse. Encima de la mesa, en la esquina derecha se encontró con su novela. Allí estaba. La cogió y la **hojeó**. Empezó a leer un capítulo que se encontraba en la mitad del libro:

"Como cada día Carmen se fue a la oficina. Sólo esperaba no tener mucho trabajo ese día, no tenía apenas fuerza. La noche anterior no había descansado bien. Por lo menos esta vez no había tenido ninguna pesadilla. Sin embargo pensaba mucho en Ramiro y esto le dejaba sin energía. Quería acercarse a él, pero algo se lo **impedía**. Además sentía la mirada de los demás en la oficina. Casi todos intentaban comportarse de una forma educada con Ramiro, pero se notaba que no era natural. En el fondo no querían acercarse a él, no querían conocerlo ni pasar tiempo con él. Ramiro era, al fin y al cabo, el raro. Eso es lo que pensaba todo el mundo. A Carmen le parecía una situación **injusta**. Claro que Ramiro era un chico muy tímido y no era fácil hablar con él. Pero los demás no tenían por qué criticarlo. Para él seguramente no sería una situación agradable.
Cuando entró por la puerta de la oficina se lo encontró de frente. Él estaba haciendo fotocopias con su camisa de cuadros y su mirada tímida. Carmen dijo "buenos días" y a continuación siguió hacia delante.
La gente que trabajaba allí era bastante **cotilla**. Esto era algo que enfadaba a Carmen. Ella era muy independiente y, por supuesto, no le interesaba la vida de los demás. Pero a ellos sí. Y esto le hacía a Carmen pensarse cada movimiento dos veces. Sobre todo cuando estaba Ramiro delante."

hojear	durchblättern
impedir	verhindern, hemmen
injusto	ungerecht
cotillo	klatschsüchtig

Paula cerró el libro. Había algo que no le gustaba de la novela. No estaba convencida de cómo seguía la historia. Todavía estaba a tiempo de hacer alguna **modificación**, pues Eugenio le había dicho la noche anterior que no había terminado de leerla. Pero no sabía exactamente lo que no le gustaba. Debería volver a leerla para averiguar lo que no le convencía. Pero en casa no funcionaba, necesitaba otro sitio que le diera más inspiración. Pensó que podía ir a la universidad. Así que se vistió y se fue hacia allí.

modificación *f*	Änderung

Übung 20: Pronombres. Ersetzen Sie die unterstrichenen Wörter durch die entsprechenden Pronomen!

1. Carmen quiere conocer mejor a Ramiro.

___

2. Paula no quería volver a leer la novela.

___

3. Carmen no podía aguantar a sus compañeros.

___

4. Paula volvió a cerrar el libro.

___

5. Tenía tiempo de hacer alguna modificación.

___

recuperar	*hier*: nachholen
bollería *f*	(süßes) Hefegebäck
flotar	schweben

De camino pensó en su amiga Lucía. Los últimos días no habían pasado mucho tiempo juntas. No estaban enfadadas, pero tampoco estaban en su mejor momento. No obstante Paula tenía ganas de verla. Lucía era una chica muy alegre y simpática y siempre hacía amigos fácilmente. Habían pasado muchos momentos divertidos juntas. Paula no tenía mucho tiempo libre, pero sabía que podría recuperar el tiempo perdido en algún momento.

Aparcó el coche delante de la universidad. Cogió su bolso, los textos que tenía que leer y su novela. Pensó que estaría bien tomarse un café antes de empezar. Así que se fue a la cafetería. Allí siempre había el mismo olor. Una mezcla de bollería fresca y de café flotaba en el ambiente. Pidió[i] un café con leche y buscó una mesa en la que sentarse. Casi siempre la cafetería estaba llena. Era bastante grande. Encontró una pequeña mesa al lado de la ventana. Le gustaba sentarse allí, así podía mirar a un pequeño jardín. Dejó el café en la mesa cuando escuchó que alguien decía su nombre. Era una voz femenina. ¡Era Lucía! Se alegró de oír la voz de su amiga. La buscó con la vista.

> Beim Verb **pedir** wird in der 3. Person Singular und Plural des Indefinido das **e** durch **i** ersetzt:
> pedí, pediste, pidió;
> pedimos, pedisteis, pidieron.

Lucía estaba en una mesa grande, rodeada de mucha gente. Paula cogió de nuevo la taza y se dirigió hacia allí. Había por lo menos diez personas sentadas en la mesa. Lucía también se alegró de ver a Paula. La recibió con una sonrisa.

–¡Hola! –dijo Paula a todos los que estaban sentados–. ¡Cuánta gente! –comentó dirigiéndose a Lucía.

Übung 21: Definiciones. Ordnen Sie den Begriffen die passende Bedeutung zu!

1. ☐	el bolso	a) sonido que nos permite comunicarnos
2. ☐	el olor	b) terreno donde se cultivan plantas
3. ☐	el jardín	c) sirve para llevar objetos personales
4. ☐	la voz	d) sentido que nos permite ver
5. ☐	la vista	e) aroma

Lucía sonrió. Paula cogió una silla y se sentó al lado de su amiga. Los demás se movieron para **dejarle sitio**.

–¿Qué tal? ¿Cómo te va? En estos días no he sabido nada de ti –dijo Lucía.

–Ya, tengo mucho trabajo –contestó Paula.

–Ya me imagino. ¿Y cómo va la novela?

Paula casi no podía oír a su amiga. Había mucho ruido allí. Entre otras cosas porque los amigos de Lucía estaban hablando muy alto y además se reían a menudo.

–¿Eh? No te oigo, Lucía.

–Te decía que cómo va la novela.

En cuanto dijo esto, el chico que estaba a la derecha de Lucía se giró para preguntar:

–¿Eres escritora?

Paula sonrió. ¿Cómo debería contestar a esa pregunta?

–Bueno, más bien eso intento.

–Claro que es escritora... –respondió Lucía de repente– aunque aún no ha conseguido publicar nada, está buscando un editor...

dejar sitio Platz machen, rutschen

hacer gracia	lustig finden

El amigo de Lucía se rió con ella. Paula se molestó cuando escuchó las palabras de su amiga. Para ella toda esta historia era mucho más seria que para Lucía.

–La verdad es que aún estoy buscando editor, sí –dijo Paula con tono enfadado.

–Entonces, ¿qué ha pasado con aquel editor? ¿Cómo se llamaba? Eugenio, ¿no? –preguntó Lucía con interés por saber lo que había pasado finalmente con la novela y el extraño editor.

A Paula le parecía que ninguno de los dos se tomaba en serio la conversación. A ella no le **hacía** tanta **gracia** como a Lucía y a su amigo. Además no quería contarle toda la historia, sabía que a Lucía no le gustaría escuchar que había vuelto a quedar con Eugenio. Pero tampoco quería mentirle. Además, no tenía razones para hacerlo.

–Sí, volví a quedar con él. Parece que le gusta la novela... –contestó finalmente Paula.

El chico que estaba al lado de Lucía estaba escuchando con atención. Paula no tenía ganas de dar explicaciones, menos a alguien que no conocía. Además este tema era para Paula bastante privado. No eran ni un buen momento ni un buen lugar para hablar de ello. Paula quería salir de allí. Miró el reloj y añadió:

–¡Qué tarde es! Me tengo que ir.

Realmente tenía mucho que hacer. Pero esto le sirvió como excusa para escaparse de allí. Demasiado ruido y demasiadas preguntas que no tenía ganas de contestar.

Dio un sorbo al café y se despidió de su amiga rápidamente. Paula se alegraba por Lucía, estaba rodeada de gente y se lo estaban pasando bien. Pero Paula no era como ella. Y menos en este momento, no era lo que quería.

Lo que necesitaba ahora era tranquilidad para poder pensar.

Übung 22: Antónimos. Wie lauten die Gegenteile der folgenden Wörter?

1. rápidamente ____________________

2. vivo ____________________

3. interés ____________________

4. reírse ____________________

La vida de Paula había cambiado mucho en los últimos días. Su futuro **estaba por decidir**.

Paula conocía la universidad perfectamente. Al fin y al cabo había estudiado allí durante mucho tiempo. Se dirigió a la biblioteca. Se sentó en una mesa libre y empezó a leer. Por lo menos allí tenía más concentración.

Cuando llegó la hora de comer se fue al bar más cercano para pedir algo de comida. Pensó que sería una buena idea comer cualquier cosa **al aire libre**. La universidad estaba rodeada de parques y **zonas verdes**. Una vez que tuvo en la mano su bocadillo favorito, tortilla de patata, se dirigió de nuevo a la universidad. Cruzó por dentro, se conocía cada pasillo. Salió por una de las **puertas laterales** que daban a un enorme parque. Se sentó en un banco. Aunque hacía frío el sol brillaba con fuerza. Eso era lo que más le gustaba del invierno en Madrid.

estar por decidir	kurz vor einem Wendepunkt stehen
al aire libre	im Freien
zonas *f pl* verdes	Grünanlage
puerta *f* lateral	Seitentür

En invierno la temperatura subía cuando hacía sol y era un clima agradable. Sentada en el banco Paula se comió el bocadillo rodeada de pájaros que volaban a su alrededor. Cuando terminó de comer, se levantó y empezó a dar un paseo por los jardines de la universidad. No sabía qué era exactamente lo que no le gustaba de lo que había escrito. Tenía que averiguarlo. En el parque podría pensar con tranquilidad. Le gustaba mezclarse con la naturaleza.

Übung 23: Verbos. Ordnen Sie den Infinitiven links die zugehörige Verbform rechts zu!

1. ☐ subir	a) conocí
2. ☐ conocer	b) hay
3. ☐ ser	c) pienso
4. ☐ saber	d) fuiste
5. ☐ pensar	e) subió
6. ☐ haber	f) supe

Realmente el parque era grande. Paula estuvo andando bastante tiempo. Caminando por el parque se acordó del bosque de su pesadilla. Aquel era mucho más grande. Y más tenebroso. Aquí era todo mucho más relajante. Dio un largo paseo mientras pensaba en su novela. Empezó a analizar lo que ocurría en ella, así averiguaría lo que no le gustaba. Necesitaba escribir para ordenar sus ideas. Se sentó en un banco. No hacía frío. Se quitó el abrigo y empezó a reflexionar:

Ramiro y Carmen se conocen en el trabajo. A Carmen le parece un chico muy atractivo, pero nunca se atreve a hablar con él. Además él es muy tímido. A Carmen le parece también un poco misterioso, pero no sabe exactamente por qué. Carmen es una chica con mucha intuición y siente que Ramiro tiene un secreto. Hay algo más por lo que él no se atreve a acercarse a ella. Ramiro no puede contar su secreto, nadie lo creería. Desde pequeño sabía que no era como los demás niños, tenía algo especial: podía leer la mente. Es un secreto que lleva consigo desde hace años y que no ha contado todavía a nadie.

–Bien, hasta ahí bien –dijo Paula en voz alta. La historia le gustaba, por lo menos hasta ese punto.

Übung 24: Elección múltiple. Welcher Satz ist korrekt? Kreuzen Sie an!

1. a) ❒ Carmen es muy racional y piensa todo antes de actuar.
   b) ❒ Carmen es muy intuitiva y por eso se deja llevar por su intuición.
2. a) ❒ Carmen se siente atraída por Ramiro.
   b) ❒ Carmen siente sólo amistad hacia Ramiro.
3. a) ❒ Ramiro no se atreve a hablar con Carmen.
   b) ❒ Es Ramiro quien se decide a dar el primer paso con Carmen.
4. a) ❒ Ramiro no guarda ningún secreto importante.
   b) ❒ Ramiro no es una persona común y corriente.

prestar atención	*hier*: beachten
conectar (con alguien)	*hier*: eine Verbindung zu jmd. aufbauen
primaveral	frühlingshaft
esfuerzo *m*	Mühe

Paula abrió el libro. Empezó a leer una página al azar:

"Ése era el momento que Carmen había esperado. Por fin tenía una oportunidad para acercarse a Ramiro. Se sentó a su lado y comenzó a hablar con él. Los demás estaban ocupados, habían bebido demasiado y en ese momento sólo pensaban en divertirse fuera del trabajo. Nadie les **prestaba atención**. Carmen y Ramiro hablaron sobre un montón de cosas. A pesar de que él era muy tímido, Carmen se dio cuenta de que habían **conectado** en seguida. Era como se lo había imaginado... No sabía lo que tenía aquel chico que le hacía sentirse tan bien."

El sol en la cara hizo que Paula se relajara. No sentía nada de frío, no parecía invierno. Hacía un día casi **primaveral**. Paula notaba que sus ojos cada vez estaban más cansados, intentaba seguir leyendo, pero le costaba mucho **esfuerzo** concentrarse. Cerró los ojos y se acomodó en el banco. Sentía la luz y el calor del sol en sus párpados. Paula suspiró hondo. Nunca le habían hecho falta muchas cosas para sentirse bien. Eran las cosas simples las que le gustaban. Relajándose de esta manera en el banco, al final se quedó dormida.
Cuando se despertó era prácticamente de noche y hacía frío. Qué tonta se sintió al haberse quedado dormida.
Tengo que trabajar y lo único que hago es dormir la siesta, pensó. Casi se enfadó con ella misma. Además, últimamente parecía que no podía controlar su sueño. Se quedaba dormida en cualquier lado, algo que antes nunca le pasaba. Recogió sus co-

sas. Metió la novela en el bolso. Cuando se levantó se dio cuenta de la profunda oscuridad que la rodeaba. Casi no se veía nada. Estaba bastante lejos del edificio de la universidad. No se oía ni un ruido. No tenía ni idea de que ese lugar pudiera ser tan tranquilo. Comenzó a andar hacia la salida.

Übung 25: Complete el texto. Lesen Sie weiter und ergänzen Sie den Text mit den folgenden Wörtern!

abrigo · salida · nadie · paseo · noche · oscuridad

En la universidad a esas horas no había 1. ________. Paula había dado un largo 2. ________ así que se encontraba al otro lado de la 3. ________. Iba caminando cada vez más deprisa, no le gustaría quedarse allí toda la 4. ________. Con el 5. ________ puesto aún sentía frío. La temperatura había bajado bastante y en el parque había mucha **humedad**. La 6. ________ le asustaba.

Lo único que Paula quería era salir de allí, pero no encontraba la salida.

Caminó más y más deprisa. Se sentía como en un laberinto. El aire soplaba cada vez más fuerte. El camino por el que andaba se dividía en dos, no sabía cuál

humedad *f*	Feuchtigkeit

sentido *m* de la orientación	Orientierungssinn
fuera de lo normal	außergewöhnlich
césped *m*	Grünfläche, Rasen
desesperación *f*	Verzweiflung
murciélago *m*	Fledermaus
unirse a	*hier*: sich dazugesellen
revolotear	flattern

era el correcto. Se paró un momento, tenía que pensar por dónde había venido. Ya dudaba si había estado antes allí. Nunca había tenido demasiado **sentido de la orientación**, pero esto era **fuera de lo normal**. En la universidad se había perdido al principio, cuando no lo conocía, pero después de tantos años allí... Dudaba en cada paso que daba. Además en el parque todo le parecía igual: árboles, caminos, **césped**. Antes o después esperaba encontrar algo que le diera una pista. La idea de no saber dónde estaba le llevaba a la **desesperación**. De repente oyó un ruido. Paula se asustó y dio un pequeño salto. Quería pensar que era cualquier animal del parque. Miró hacia los lados. No vio nada, era totalmente de noche. Nerviosa, empezó a caminar más deprisa. Otro ruido. Eso no era ningún animal que ella conociera. Paula intentaba averiguar qué era ese sonido. Miró hacia arriba, en el cielo vio un animal volando. Parecía un pájaro negro, pero no era un pájaro, era un **murciélago**. Volaba continuamente encima de ella.

–¡Qué horror! –dijo Paula en voz alta.

No tenía ni idea de que tan cerca de la universidad hubiera murciélagos. Era la primera vez que veía uno aquí. Otro murciélago **se unió al** primero y **revolotearon** encima de Paula. Paula empezó a correr. Seguía sin encontrar la salida, cuando al fondo del camino le pareció ver a alguien. Se alegró de poder preguntar por la salida. Seguramente sería alguien que trabajaba en la universidad. Paula dejó de correr, no quería asustar a nadie. Sino la persona pensaría que estaba loca corriendo por los jardines de la universidad.

Con tan poca luz Paula no podía ver mucho de la persona que estaba allí. Casi se confundía con la oscuridad de la noche. Parecía que no se movía. Estaba quieta en mitad del camino. Paula empezó a desconfiar de quien podía ser. A estas horas no solía haber trabajadores en el parque. Paula dudó si seguir caminando hacia la persona o darse la vuelta. Dio un par de pasos más hacia delante, cuando de repente la figura negra desapareció. Ya no estaba. Simplemente había desaparecido **en un abrir y cerrar de ojos**. Paula dejó de caminar. No se creía lo que sus ojos habían visto. Estaba convencida de que allí había alguien.

¿Cómo pudo desaparecer? penso Paula y miró hacia todos los lados, pero no había absolutamente nadie. Empezó a dudar de sus propios sentidos – ¿Estaría soñando? Se **pellizcó** en la mano – estaba despierta.

Paula hubiera preferido que se tratara de una pesadilla, pero era la realidad. Le costaba respirar con normalidad. Se sentía totalmente perdida. Buscó su teléfono móvil en el bolso. No lo encontraba. ¡Tenía que estar ahí! La idea de no **llevarlo encima** le ponía aún más nerviosa.

–¡No está! –dijo en voz alta.

Cuando más lo necesitaba... Ahora si que estaba perdida. No tenía ninguna forma de avisar a nadie. Lo único que podía hacer era seguir caminando. En algún momento encontraría la salida. Parecía que el camino no tenía fin. De nuevo escuchó el ruido que hacían los murciélagos mientras volaban. De repente se hizo un silencio total en la inmensa

en un abrir y cerrar de ojos	im Nu, in einem Augenblick
pellizcarse	sich kneifen
llevar algo encima	etw. dabeihaben

ser incapaz de	unfähig sein, etw. zu tun
aterrorizado	(zu Tode) erschrocken
quien quiera que fuese	wer auch immer es sein möge
incontrolable	unkontrollierbar
sobrevolar	überfliegen

noche y escuchó su nombre, alto y claro:

–Paula.

Era una voz masculina, pero no la reconocía. No tenía ni idea de quién podría ser esa persona que la estaba llamando. Paula no pudo seguir caminando. Sabía que la voz venía de atrás, pero **era incapaz de** girarse. Algo así no le había sucedido nunca. Estaba **aterrorizada**. Finalmente se giró y vio otra vez la figura de antes. El corazón de Paula latía a una velocidad increíblemente rápida. Estaba demasiado lejos. No podía ver si realmente era un conocido.

–¿Quién eres? –Paula hizo un esfuerzo enorme para hablar. Por un momento pensó que se había quedado sin voz del miedo que sentía.

Aquella extraña figura, **quien quiera que fuese**, no contestó.

Era una persona alta, fuerte. Y lo único que consiguió adivinar por la voz era que tenía que ser un chico.

Paula se giró y siguió andando, cada vez más deprisa. No conocía a esa persona. Luego empezó a correr. Sintió realmente miedo por primera vez en su vida. El miedo era absolutamente **incontrolable**. Paula se acordó de la pesadilla del bosque. El escenario se le hizo más parecido. ¿Qué significaba aquello? Sus sueños se volvían realidad. Cada vez sentía más miedo. No podía dejar de correr.

Encima de su cabeza **sobrevolaban** más murciélagos. El camino se acababa, tenía que girar a la izquierda. Siguió corriendo sin atreverse a mirar hacia atrás. Parecía que al final del camino había más luz. Quizás fuera la salida.

Übung 26: Traducción. Übersetzen Sie!

1. Sie hat sich an ihren Albtraum erinnert.

____

2. Paula hatte zum ersten Mal wirkliche Angst verspürt.

____

3. Ihre Träume wurden Wirklichkeit.

____

4. Sie konnte nicht weitergehen.

____

Paula siguió corriendo entre los árboles. Al girar se encontró de nuevo con aquella figura negra. No podía continuar. Estaba atrapada. Se paró. No tenía otra solución, se tenía que enfrentar con el desconocido. Empezó a andar lentamente hacia el hombre. Pero algo le hizo pararse de nuevo.

–Un momento... –pensó Paula en alto. Ese hombre lo había visto en algún sitio. No, no lo había soñado, lo había visto en algún sitio, pero no sabía dónde. ¡Sí, claro! En el restaurante donde estuvo con Eugenio. Era el chico que confundió con Eugenio. Paula volvió a preguntarle quién era.

atrapado	*hier*: gefangen
enfrentarse con alguien	sich mit jmd. auseinandersetzen

–Eso da igual –contestó finalmente.

–¿Por qué sabes mi nombre? –preguntó Paula con miedo.

superar	überwinden
advertir	*hier*: warnen

Paula ahora caminaba hacia donde estaba él. Sin embargo parecía que la distancia era la misma, que nunca se acercaba de verdad a él. El corazón de Paula seguía latiendo con fuerza, pero de alguna manera estaba **superando** su miedo. Pensó que ya había llegado el momento en el que no podía pasar más miedo.

Paula esperaba una respuesta.

–Ya nos conocemos –dijo el chico–. Aunque no nos hayan presentado.

–Estabas la otra noche en el restaurante, ¿no? –preguntó Paula.

El chico soltó una pequeña carcajada que parecía decir irónicamente: "qué lista eres...". Paula aún tenía más miedo. De repente el chico misterioso desapareció. Paula lo buscó por todos los lados. No lo veía.

–Sí, era yo –dijo él con voz clara.

La voz venía de nuevo de atrás. Otra carcajada sonó en mitad de la noche. Paula se giró. Ahora lo podía ver mejor, estaba más cerca de ella.

–¿Qué quieres de mí? ¿Por qué me sigues? –preguntó Paula intentando acercarse a él. Quería saber de quién se trataba. Le pareció que tenía la piel muy blanca, pero había muy poca luz y no se veía apenas.

–Sólo vengo a **advertirte**... –dijo con tono amenazante.

–¿De qué? ¿Qué pasa? –preguntó Paula con curiosidad.

De nuevo escuchó su nombre en alto. Se giró hacia el otro lado. Hacia ella venía una figura caminando, también vestida de negro.

Paula gritó. Estaba rodeada.

–Paula, soy yo –dijo la voz que se acercaba a ella.

–¿Eugenio? –preguntó Paula.

–¡Sí! ¿Estás bien? –dijo Eugenio.
–Sí, asustada... –dijo ella casi sin voz.
El chico de negro seguía ahí, mirando la escena.
–Ya estamos todos... –dijo el chico casi con sarcasmo.
–Será mejor que te vayas, si no, vas a tener problemas –dijo Eugenio dirigiéndose a él.
Paula estaba en medio de los dos sin saber qué hacer, sin saber a dónde ir.
–Ya nos encontraremos... –contestó él amenazante.

Das **Futur I** wird gebildet, indem an den Infinitiv folgende Endungen angehängt werden:

Bsp.: *hablar*

- hablar**é**	- hablar**emos**
- hablar**ás**	- hablar**éis**
- hablar**á**	- hablar**án**

Es gibt auch einige Verben, die einen unregelmäßigen Stamm im Futur haben, z.B.: **dir**é (decir), **saldr**é (salir), **har**é (hacer).

Según dijo esto desapareció. Era la segunda vez que Paula veía a este extraño chico en pocos días. Y todo lo que había ocurrido en este poco tiempo. ¿Había una conexión entre su pesadilla, Eugenio y el desconocido? Paula no sabía qué pensar. Este chico era muy extraño. Aparecía y desaparecía con una rapidez increíble. Paula se sentía muy cansada. Cayó en los brazos de Eugenio. Necesitaba abrazarlo.
–¡Menos mal que has venido! He pasado tanto miedo... –dijo Paula todavía asustada.
Se dio cuenta de que era la primera vez que lo abrazaba, pero había estado tan aterrorizada que ni siquiera lo había pensado antes...

de la nada aus dem Nichts

–¿Cómo sabías que estaba aquí? Has venido como **de la nada**... –dijo Paula casi pensando en alto.
–Bueno, estaba en la universidad... –contestó Eugenio.
A Paula le seguía pareciendo todo muy extraño. Nunca antes

había visto a Eugenio en la universidad, por lo menos, desde que lo conocía.

–¿A estas horas? –preguntó Paula. Sabía que la biblioteca de la universidad estaba abierta hasta las doce de la noche, pero normalmente a estas horas solamente solía haber estudiantes que tenían que prepararse para algún examen. Paula suspiró. No tenía importancia cómo Eugenio la había encontrado. Sino que ahora él estaba a su lado y que la había salvado.

–¿Quién era ese chico? ¿De qué lo conoces? –preguntó Paula con curiosidad.

–Digamos que es un antiguo conocido... –dijo Eugenio con tono serio.

–¿Y qué quiere de mí? –preguntó Paula.

–Eso también me pregunto yo... –contestó Eugenio.

Paula quería saber más del tema, pero casi no tenía fuerzas para preguntar. Al fin encontraron la salida.

Cómo se podía haber perdido tanto en el parque, se preguntaba Paula. Nunca le había parecido tan grande como aquel día. Todavía tenía el miedo en el cuerpo. Miró de nuevo hacia el parque. Ahora le parecía todo muy distinto. Sólo se sentía aliviada de haber podido salir de allí.

desconcertado verblüfft

Cuando llegaron a la salida Eugenio quiso despedirse rápidamente de ella.

–Tengo prisa, lo siento, pero me tengo que ir –dijo.

Paula quería hablar de lo sucedido, necesitaba una explicación de lo que estaba pasando. Pero Eugenio ya estaba caminando con prisa hacia el aparcamiento.

–Está bien –contestó Paula un poco **desconcertada**.

Eugenio acompañó a Paula hasta su coche y se despidieron.

Paula se subió al coche y condujo hasta su casa.

Übung 27: Verdadero o falso. Welche Aussagen sind korrekt? Markieren Sie mit richtig ✔ oder falsch – !

1. Paula vuelve a encontrarse con el chico del restaurante. ❐
2. Eugenio no conoce a este chico. ❐
3. Paula abrazó a Eugenio por primera vez. ❐
4. Paula quiere pedirle una explicación a Eugenio. ❐

Cuando Paula llegó a casa sacó todas las cosas del bolso. La novela estaba allí. Pensó que lo que le acababa de ocurrir era aún más extraño y misterioso que todo lo que ella misma se podía imaginar. O inventar. No tenía sentido: el chico misterioso, la advertencia, Eugenio… No tenía lógica. ¿Y si lo hubiera soñado todo?

advertencia *f*	Warnung

Encendió el ordenador. No podía quitarse la imagen de ese chico de la cabeza. Vestido completamente de negro. Aún se preguntaba qué quería de ella. Si no lo había soñado ni estaba loca…
Se sentó delante del ordenador. Se conectó a internet y abrió la página web de un periódico. Quería leer la noticia que había escuchado esa mañana en la radio. Entonces no le había dado demasiada importancia, pues no le pareció que tuviera mucha lógica. En un parque en el centro de la capital, no pensaba que pudiera ocurrir algo así, no era un bosque o algo parecido.
Por fin encontró la noticia. El artículo comentaba que los chicos se recuperaban poco a poco. Uno de ellos tenía algo parecido a

mordedura *f*	Biss, Bisswunde
arañazo *m*	Kratzer
aterrador	schreckenerregend, schrecklich
superstición *f*	Aberglaube

una **mordedura** en el cuello, el otro sólo **arañazos**. En la noticia además hablaban de que el parque del Retiro normalmente está cerrado por la noche. Los chicos quisieron ir a dar un paseo, aunque sabían que cerrarían pronto. No se habían dado cuenta de que era muy tarde y los trabajadores del parque habían cerrado la puerta, quedándose los chicos encerrados. Más tarde fueron los mismos trabajadores quienes habían encontrado a los dos chicos tras haber oído gritos. Ellos mismos no podían explicar lo que había sucedido, pues era de noche y con la tormenta no se veía nada. Oyeron ruidos, como de un animal y corrieron hacia la salida, pero no tuvieron suficiente tiempo. Después ya no recordaban lo que había ocurrido. Seguramente se habían desmayado y se despertaron cuando los trabajadores les encontraron. Leyó un trozo de la entrevista de uno de los chicos:

"Nunca antes había vivido algo así. Corrimos en cuanto oímos ruidos. Sin duda no eran animales. Era algo con forma humana, se movían muy rápidamente. No puedo asegurar que era aquello que nos atacó, porque estaba muy oscuro, pero si no supiera que no existen, yo diría que se trataba de vampiros."

La noticia era **aterradora**. Paula no podía creerlo. Tampoco ella se explicaba lo que había vivido en el parque de la universidad. No creía en **supersticiones**, ni en fantasmas ni en vampiros. Sin embargo últimamente le estaban pasando cosas muy extrañas. Y en mitad de toda historia estaba Eugenio. Ella había sentido un miedo parecido al de esos dos chicos del Retiro. Aunque ella se había dado cuenta de todo lo que había pasado y no se había desmayado en ningún momento. Sólo se alegraba de estar a salvo.

4 Un inesperado viaje

Desde hacía algunos días Paula no había vuelto a saber nada de Eugenio. Esto le preocupaba bastante.

mayúscula *f*	Großbuchstabe
intrigadísimo	äußerst gespannt

Decidió distraerse un poco con internet, abrió el correo electrónico. Tenía tres mensajes nuevos: uno de la biblioteca de la universidad, otro de publicidad y el tercero, ¡de Eugenio Calatrava! Con letras **mayúsculas** aparecía su nombre. Paula abrió el email emocionada. No había asunto en el mensaje. Estaba **intrigadísima**. Esperó unos segundos que le parecieron horas hasta que se abrió el mensaje. Ahí estaba:

> **Hola Paula:**
> **¿Qué tal? No he vuelto a saber de ti. Espero que estés bien. En el link te mando información sobre unas conferencias de literatura que hay en la Universidad de Santiago de Compostela este fin de semana. Si te interesa, dímelo y vamos juntos.**
> **Espero tu respuesta.**
>
> **Un beso,**
> **Eugenio**

Paula se alegró muchísimo al leer el email. No se lo podía creer. Ya pensaba que no iba a volver a saber de él... Y de repente un

fin de semana, con Eugenio. Sólo tenía una respuesta: sí.
En el link había información sobre las diferentes conferencias que **tenían lugar**. A Paula le parecieron bastante interesantes, era un estupendo plan para el fin de semana. En seguida respondió el email de Eugenio. Le preguntó cuándo y cómo se irían. Ya era jueves y el fin de semana empezaba al día siguiente, así que tenían que **planificarlo** todo. Antes de mandar el email se acordó del encuentro con aquel extraño en el parque de la universidad. El email de Eugenio le había alegrado tanto... Pero aquel extraño quería advertirla de algo... No entendía por qué no podía quedar con Eugenio... No quería rechazar un fin de semana con Eugenio porque un desconocido le hubiera advertido. No tenía motivos para creerlo. Finalmente envió el email a Eugenio.

tener lugar	stattfinden
planificar	planen

Übung 28: Preguntas. Beantworten Sie die Fragen zum Text!

1. ¿Desde cuándo Paula no ve a Eugenio?

____

2. ¿Qué le preocupa a Paula?

____

3. ¿Cuántos email recibe Paula? ¿De quién?

____

Salió de casa para dirigirse al centro de Madrid. Estaba contenta y le apetecía disfrutar de la ciudad. Estuvo caminando por la Gran Vía, por la Plaza Mayor y la Puerta del Sol. La gente paseaba tranquilamente, miraba los **escaparates**, tomaba tapas en los bares,... La ciudad estaba llena de vida, las calles estaban llenas de gente y de alegría y Paula se animó rápidamente.

escaparate *m*	Schaufenster
impaciencia *f*	Ungeduld
confirmar	bestätigen
asistencia *f*	*hier*: Teilnahme

Cuando volvió a casa, lo primero que hizo fue mirar el correo electrónico. Tenía un nuevo email. Lo abrió deprisa, con **impaciencia**:

Übung 29: Busque los errores. Lesen Sie weiter und markieren Sie die sechs Fehler in der E-Mail!

¡Hola Paula!
¿Cómo eres? Sólo querría decirte que ya he reservado el hotel y **confirmado** la **asistencia** a las conferencias. Si te parece bueno te recogo mañana en tu casa a las nuebe, ya que tenemos un biaje largo hasta Santiago.
¡Hasta mañana!

Eugenio

P.D.: Me apetece mucho hacer este viaje.

Las últimas palabras del email se habían quedado grabadas en su cabeza... Realmente él lo había preparado todo. Paula no

podía estar más contenta. Sólo esperaba con muchas ganas que llegara el día siguiente. Le entusiasmaba la idea de poder estar con Eugenio todo un fin de semana.
Antes de irse a dormir, preparó el **equipaje** con todo lo necesario para el viaje al norte. En Galicia seguramente haría frío y muy posiblemente llovería. No sabía demasiado sobre Galicia, una vez estuvo en Santiago, hace muchos años. Tenía el recuerdo de que era una ciudad bonita, pero no se acordaba demasiado bien. En el equipaje metió también la cámara de fotos, un paraguas y su novela. Sería un sitio ideal para encontrar la concentración que le faltaba en Madrid. Todavía no había modificado nada de su novela. Pero en ese momento no le preocupaba. Tenía todo el fin de semana para dejar que las nuevas ideas llegaran.

equipaje *m*	Gepäck
maletero *m*	Kofferraum

Al día siguiente Paula abrió los ojos y con alegría se levantó de la cama para preparar todo. Por lo menos esa noche no había tenido pesadillas. A las nueve en punto sonó el timbre. Paula no pudo evitar ponerse nerviosa al oírlo. Eugenio estaba esperándola en el coche. Paula lo saludó y puso el equipaje en el **maletero**. Cuando entró en el coche vio que Eugenio llevaba unas gafas de sol a pesar de que el día estaba nublado. Paula se dio cuenta de que era la primera vez que le veía de día. Tenía la piel muy blanca, lo que llamaba la atención en comparación con el pelo oscuro cuidadosamente peinado hacia atrás.
–¿Qué tal? ¿Preparada para el viaje? –dijo Eugenio sonriendo.
Paula no podía dejar de mirar su piel blanca. De repente se acordó de la última vez que lo vio. Siempre que estaba con él sucedían cosas extrañas. Él mismo era también un poco raro, pero era

exactamente eso lo que le gustaba a Paula de él. Ahora parecía estar mucho más simpático que la última vez que se vieron.

–Sí, claro. Un viaje largo, ¿no? –preguntó ella.

–Sí. Unas seis horas –dijo Eugenio mientras arrancaba el coche.

–¡Ya tengo ganas de llegar! –dijo Paula impaciente–. ¿Conoces la ciudad?

–He estado alguna vez, es una ciudad muy tranquila –dijo Eugenio alegrándose de sus propias palabras. Su mayor preocupación era que Paula estuviera fuera de peligro.

–¡Y bonita! Yo estuve hace tiempo, no lo recuerdo muy bien pero sé que es bonita –dijo Paula sonriendo–. ¿Y el hotel? ¿Dónde está? –Paula no podía esconder su impaciencia.

–Bueno, es un hotel pequeñito a las afueras de la ciudad –respondió Eugenio.

Las seis horas de camino se pasaron rápido. Hablaron sobre las conferencias de literatura, la Universidad de Santiago, la ciudad, el hotel, etc. Pero no volvieron a hablar del chico que apareció en los jardines de la universidad. Paula quería saber más sobre el tema, pero parecía que Eugenio no quería hablar demasiado sobre eso. Al fin y al cabo aquel chico no parecía ser muy amigo de él...

Llegaron por la tarde a Santiago. Primero fueron a dejar las cosas en el hotel que tenían reservado.

Era un hotel familiar, pequeñito. A Paula le encantó, los dueños del hotel eran dos viejecitos que les recibieron con mucha alegría.

Dejaron su equipaje en el hotel. A Paula le pareció algo extraño allí adentro. El hotel, aunque era pequeño, tenía varios pasillos que se comunicaban entre ellos, casi formando un laberinto. Paula no pudo evitar acordarse de los jardines de la universidad

y de aquella extraña figura que había aparecido en el parque.
–Si no estás cansada todavía tenemos tiempo de llegar a la conferencia de las siete –**propuso** Eugenio.
–¡Claro, vamos! –dijo Paula con energía.

Übung 30: Por o para. Unterstreichen Sie die richtige Variante!

1. Paula le dijo a Eugenio: Gracias por / para la invitación.
2. Eugenio pagó para / por la reserva de la habitación.
3. Fue una buena noticia por / para Paula.
4. Se comunicaron para / por email.
5. El mapa era por / para no perderse.

En la conferencia Paula intentaba escuchar atentamente aunque de vez en cuando perdía la concentración pensando en que sería un fin de semana perfecto con Eugenio a su lado.

proponer	vorschlagen
callejuela *f*	Gasse

Cuando terminó la conferencia, los dos recorrieron el centro de Santiago. Pasearon por las antiguas **callejuelas** y plazas, hasta que Paula propuso ir a tomar unas tapas a algún bar. Aunque Eugenio otra vez no parecía tener mucha hambre, allí pidieron marisco y por supuesto platos típicos gallegos, como "pulpo a la gallega", "empanada gallega" y "lacón con grelos".

Übung 31: Sopa de letras. In diesem Gitternetz sind sieben spanische Speisen versteckt. Welche sind es?

A	C	O	C	I	D	O	P	T
C	R	O	Q	U	E	T	A	S
I	A	S	A	R	T	U	E	R
C	H	O	R	I	Z	O	L	G
L	T	O	R	T	I	L	L	A
J	A	M	O	N	A	S	A	L
O	E	M	P	A	N	A	D	A

–Está todo riquísimo. ¿No te gusta? –preguntó Paula a Eugenio, al ver que apenas comía.

–Sí, claro que sí... Es que casi no tengo hambre... –respondió Eugenio y comió algo **disimulando**–. ¿Has visto el programa de conferencias de mañana? –preguntó cambiando de tema.

disimular sich verstellen

–Sí, hay bastantes. Deberíamos elegir a cuáles vamos, hay durante todo el día –contestó Paula.

–Creo que las de por la mañana son más interesantes.

–Sí, yo también –Paula se quedó pensando mientras leía el programa del día siguiente–. Quizás podríamos aprovechar la tarde para conocer un poco mejor la ciudad, ¿qué te parece?

Eugenio no parecía estar muy entusiasmado. Pensaba que caminar por la ciudad podría ser peligroso. Estaban lejos de Madrid, pero el peligro podría estar aún presente.

–Bueno, si no quieres... –dijo Paula al ver que Eugenio parecía tener dudas.
–Sí, claro, podemos hacer turismo –dijo Eugenio sonriendo. No quería mostrarle su preocupación. Tendría que tener mucho cuidado, tendría que estar más atento que nunca.

Terminaron de cenar y se fueron al hotel. Los dos estaban cansados tras el largo viaje. Se despidieron en el pasillo y cada uno se acomodó en su habitación.

Sin embargo Paula no podía dormir. Encendió la lámpara que estaba encima de la mesilla de noche y, con la novela en sus manos, empezó a reflexionar sobre ella. Ya sabía lo que no le gustaba de la novela: el final.
Paula pensó en voz alta:
–Cuando Carmen descubre el secreto de Ramiro, no sabe cómo actuar, se asusta y decide alejarse de él. Carmen no es capaz de **asumir la situación**, nunca había conocido a alguien así y no creía que pudiera funcionar una relación sentimental con dos personas tan diferentes...
A Paula el final le parecía demasiado negativo. En este momento ella estaba llena de ideas positivas.

asumir una situación	einer Situation gewachsen sein
↯ dar con algo	auf etw. treffen, auf etw. stoßen

Cogió un bolígrafo y papel y empezó a escribir el nuevo final. Era bastante tarde y al día siguiente quería levantarse con energía, tenían que asistir a varias conferencias y luego quería seguir haciendo turismo y recorrer la ciudad con Eugenio. Pero no quería dejar de escribir, por fin había **dado con** lo que no le gustaba y tenía nuevas ideas.

Übung 32: Complete el texto. Lesen Sie weiter und setzen Sie die korrekte Form der angegebenen Verben ein!

Para Paula habían pasado unas pocas horas desde que se había quedado dormida cuando alguien **1.** llamar ______________ a la habitación. **2.** Sonar ______________ tres golpes fuertes en la puerta. Paula **3.** preguntar ______________ asustada quién era. Era la dueña del hotel que **4.** querer ______________ avisar de que ya **5.** poder ______________ desayunar. Rápidamente Paula **6.** vestirse ______________ y salió al salón donde ya estaba preparado el desayuno.

–Buenos días –dijo la viejecita.

Paula respondió amablemente. Estaban solas en aquel salón. Paula estaba extrañada de que no hubiera más **huéspedes**. ¿Y Eugenio? Quizás no se había despertado todavía.

–Su amigo se fue hace dos horas aproximadamente –aclaró la viejecita. Era como si le hubiera leído el pensamiento. Paula sonrió pensando en Ramiro, el personaje de su novela.

huésped *m*	Gast

Paula miró el reloj. ¡Era tardísimo! Las conferencias habían empezado ya. Cómo podía haber dormido hasta tan tarde. Por lo menos, estaba más satisfecha con su novela.

La mujer se acercó lentamente hacia donde estaba sentada Paula. Le había preparado un café y unas enormes tostadas con el pan típico gallego. La viejecita se fue otra vez por donde había venido. Mientras Paula desayunaba, tenía la sensación de ser observada. Paula miraba hacia un lado y hacia el otro, pero no había nadie. De repente oyó un ruido. Un plato se cayó y se rompió detrás de ella. Cuando se giró allí no había nadie. Cuando la mujer oyó el ruido se asomó para ver qué había pasado. Vio el plato en el suelo y miró a Paula como buscando una explicación.
–Yo... estaba aquí sentada... pensaba que había sido usted –dijo Paula intentando explicarse.
La mujer no dijo nada, recogió los trozos del plato roto y se fue a otra habitación. Paula se estaba empezando a asustar y además se dio cuenta de que si seguía allí sentada llegaría demasiado tarde a las conferencias. Paula le agradeció a la mujer el desayuno, se despidió de ella y se fue a la universidad.

Übung 33: El plural. Bilden Sie die richtige Form!

1. el huésped ______________________
2. el salón ______________________
3. la sensación ______________________
4. la universidad ______________________
5. la habitación ______________________

No sabía con seguridad en qué conferencia estaba Eugenio. Probó en una de literatura gallega. Había empezado hace cinco minutos. Abrió la puerta cuidadosamente y se sentó en el primer sitio libre que vio. Buscó a Eugenio con la mirada, pero no lo encontró. Quizás estaría en otra sala. Ahora ya tenía que quedarse allí y escuchar la conferencia. Duró casi dos horas. Paula salió de la sala y se dirigió a la cafetería para hacer una pausa. Estaba enfadada con ella misma por haberse dormido y no haber podido ir con Eugenio a la conferencia. La universidad tenía unos pasillos enormes, escaleras antiguas y techos altísimos. Era mucho más antigua que la de Madrid. Los pasillos estaban llenos de estudiantes y profesores que se paraban a charlar tras la conferencia. No sabía muy bien por dónde tenía que ir. Siguió casi por intuición el pasillo. Cuando giró en la esquina se encontró de frente con Eugenio. Llevaba las gafas de sol y casi no lo había reconocido.

–Ay, ¡hola! –dijo Paula un poco asustada por el inesperado encuentro.

–¡Paula! Perdona que no te avisara esta mañana. Me dijo la dueña del hotel que no habías salido de la habitación, así que pensé que estabas durmiendo y no quería molestar –dijo Eugenio disculpándose.

–No te preocupes. Fue culpa mía. No puse el despertador y ayer me dormí tarde. ¿Sabes? Estuve pensando en la novela...

–¿Sí? ¿Lo hablamos mientras tomamos un café? –preguntó Eugenio.

Paula asintió con la cabeza. Los dos bajaron las escaleras en busca de la cafetería. Paula le contó las modificaciones que había hecho en la novela y le dio un borrador para que leyera el nuevo final. Ya no estaba tan preocupada por la novela, estaba mucho más satisfecha con el nuevo final y lo más importante para ella era que estaba junto a Eugenio.

borrador *m*	Textentwurf, Skizze, Skript

Übung 34: El intruso. Welches Wort ist das „schwarze Schaf"? Unterstreichen Sie!

1. periódico libro película revista
2. cafetería peluquería bar restaurante
3. enorme antiguo altísimo grande
4. manuscrito borrador novela intuición

Por la tarde estuvieron haciendo turismo por la ciudad. Se quedaron impresionados por las calles **empedradas**, los edificios antiguos y las plazas de la ciudad. Habían llegado casi a las afueras para visitar un museo, pero estaba cerrado. Así que decidieron volver al centro de la ciudad, pero tomaron la dirección contraria y se alejaron aún más. Empezó a llover de repente y no sabían dónde refugiarse.

Estaban en una especie de **pradera**. No había ningún bar ni cafetería cerca donde pudieran esperar a que dejara de llover. Miraron a su alrededor buscando un techo. Allí había una casa abandonada. Los cristales y la puerta estaban rotos. Paula se **apoyó** en una de las puertas. De repente se abrió y Paula casi se cayó hacia atrás, pero Eugenio fue increíblemente rápido y consiguió sujetarla en el último momento.

–Guau...¡gracias! –dijo Paula un poco desconcertada.

–De nada –contestó Eugenio con una sonrisa.

empedrado	gepflastert
pradera *f*	Wiese
apoyarse (en algo)	sich (gegen etw.) lehnen

Detrás de aquella puerta se podía ver el vestíbulo.

olor *m* a viejo	Muff, abgestandener Geruch

–Bueno, nos podemos quedar aquí hasta que deje de llover –dijo Eugenio quitándose el abrigo.

–Sí, es lo mejor que podemos hacer. Parece mentira que de repente no haya nada donde refugiarse de la lluvia... Por lo menos aquí no nos mojaremos –contestó Paula.

Übung 35: Complete el texto. Lesen Sie weiter und ergänzen Sie den Text mit den folgenden Wörtern!

cocina ambiente suelo habitación
chimenea casa

El **olor a viejo** invadía el 1. ______. La madera del 2. ______ sonaba a cada paso que daban. Entraron en la primera sala que se encontraron. En seguida se dieron cuenta de que era una 3. ______ enorme. Había polvo por todos los sitios. Sólo entraba luz por los cristales rotos de las ventanas, pero era suficiente como para tener una vista general de la 4. ______. En la cocina había una 5. ______ enorme, una mesa, un par de sillas y armarios. En general aquella 6. ______ era bastante antigua, pero no parecía que estuviese abandonada desde hace muchos años.

intranquilo	*hier*: besorgt
maullido *m*	Miauen
escandaloso	lärmend
adentrarse	hineingehen

Eugenio no se encontraba bien allí. No conseguía oler con normalidad. El olor a viejo y a humedad invadía toda la casa y no podía saber si realmente existía algún tipo de peligro allí.

De repente oyeron un ruido. Paula se giró rápidamente.

–¿Qué ha sido eso? –preguntó intranquila.

–Parecía como un maullido... –dijo Eugenio mientras pensaba que lo mejor era irse de aquella casa.

–Sí, a mí también me ha parecido que era un gato –dijo Paula mientras se dirigía a la puerta.

De repente un escandaloso ruido se oyó en otra habitación. Como si se hubiera caído un mueble o algo muy pesado.

–¡Ah! –gritó Paula–, ¿qué crees que ha sido eso?

Paula no sabía si se trataba de un gato o de cualquier otro animal, pero no tenía ganas de saberlo. En los últimos días había tenido demasiados sustos de ese tipo.

–No tengo ni idea... –dijo Eugenio, sabiendo lo que podía significar ese ruido. Miró por la ventana y añadió– espera fuera, yo iré a mirar.

Mientras Paula salía por la puerta, Eugenio se adentró en la casa para saber de dónde venía el ruido. Miró en la siguiente habitación pero allí no había nada ni nadie. Subió las viejas escaleras y lo que encontró en aquella habitación no le gustó nada.

–¿Qué haces aquí? –dijo Eugenio enfadado.

–Ya te lo advertí, Eugenio. ¡No os dejaré de vigilar mientras pueda! –gritó Ángel y un segundo después desapareció, saltando por la ventana.

Eugenio abandonó la casa preocupado por lo que había visto. Paula estaba esperando en la calle, tenía el pelo mojado.

–¿Y? –preguntó ella con cierta preocupación.
–Sí, todo bien... –contestó Eugenio disimulando–. No he visto nada, el primer piso está lleno de ratas y gatos. En sitios abandonados como éste, donde hay casi un silencio absoluto, cualquier ruido parece más de lo que es, ¿te has dado cuenta alguna vez?
Paula afirmó con la cabeza. Quizás Eugenio tenía razón. Empezó a sentirse otra vez más segura.
Eugenio en el fondo no podía ignorar la idea de que no estaban seguros en ningún sitio. Pero no quería preocupar más a Paula.
–No obstante –continuó–, este sitio no me gusta para nada. Venga, ¡vámonos de aquí!
Seguía lloviendo casi tanto como antes. Eugenio sabía que tenía que tener cuidado. Tras aquella advertencia, Ángel y sus compañeros podrían aparecer en cualquier momento.
Al cabo de un tiempo dejó de llover. Continuaron su paseo por las calles de Santiago de Compostela.
–Bueno, ahora podemos hacer turismo sin lluvia –dijo Paula riéndose.
Eugenio no estaba de tan buen humor como Paula. Le preocupaba que Ángel apareciera de nuevo. Tendría que contarle la verdad a Paula en algún momento... Si no lo hacía, no podría protegerla como quisiera. Tenía que decírselo ahora. Eugenio se paró y se giró hacia Paula.
–Paula... –empezó Eugenio en un tono muy serio–. Tengo que contarte algo...
–¿Qué pasa? –preguntó Paula asustada.
–Lo que ocurrió en la universidad no fue casualidad –confesó Eugenio bajando la mirada.

casualidad *f*	Zufall
confesar	zugeben, gestehen

asombro *m*	Erstaunen
arrepentirse	bereuen

–¿Cómo? –dijo Paula sin entender de lo que hablaba Eugenio.

–Yo no soy como tú o como cualquier humano...

–¿Qué quieres decir?

Eugenio no podía contestar. Solamente miraba a Paula con una mirada penetrante que a Paula le hacía sentir muy incómoda. No conseguía entender lo que aquel chico le quería decir...

Por fin Eugenio empezó a hablar.

–Verás, Paula... –dijo mientras se acercaba más a ella–. No soy como los demás... Yo...yo...soy un vampiro –dijo Eugenio otra vez bajando la mirada.

Paula dio un paso hacia atrás asustada.

–¿Cómo? ¿Quién eres? –Paula no salía de su **asombro**.

Eugenio tenía la sensación de estar perdiendo a Paula. Se **arrepintió** de haberle contado la verdad, pero sabía que no tenía otra opción.

–Paula, escucha... –quiso seguir explicando Eugenio.

–Por eso has sido tan rápido cuando casi me caigo en la puerta de esa vieja casa... –dijo Paula casi pensando en alto–. Y por eso apareciste en la universidad tan de repente... y el chico del restaurante y del parque...

–Sí –confesó Eugenio.

Paula no podía asimilar lo que estaba pasando. ¡Se había enamorado de un vampiro!

–El chico de la universidad es Ángel, es un antiguo conocido... –Eugenio se quedó pensando cómo podía seguir contándole la verdad a Paula–. Verás, Paula, ahora mismo tu vida está en peligro, Ángel es un vampiro también, pero hay una gran diferencia entre él y yo –Eugenio dudó un momento cómo continuar– ...él se alimenta con sangre humana y yo me niego. No quiero hacer daño a ningún humano, por eso estamos los dos en peligro.

Paula ahora se explicaba todo lo que había ocurrido en los últimos días... Mientras se acordaba de todas las situaciones que había vivido, iba creciendo en ella el **enfado** y la **desconfianza** hacia Eugenio

–¿Por qué no me habías dicho nada? –preguntó Paula enfadada.

–Quería decírtelo... –empezó a hablar Eugenio.

–¡He estado en peligro todo este tiempo y ni siquiera lo sabía!

–Lo siento, Paula, no era mi intención. Pensé que aquí, en esta ciudad, estaríamos a salvo, pero ya no te lo puedo asegurar –contestó Eugenio.

Durante unos segundos ninguno de los dos dijo nada. Eugenio se acercó aún más a Paula, quería coger sus manos, pero no se atrevía.

enfado *m*	Ärger
desconfianza *f*	Misstrauen
ternura *f*	Zärtlichkeit, Sanftheit
formar parte de	Teil sein von, teilhaben an
negar	*hier*: (ver)leugnen
pertenecer	gehören

–Paula... –comenzó él con **ternura**.

Paula lo miró con asombro. Se preguntaba a sí misma qué intentaba aquel hombre que cada vez era más desconocido para ella.

–Yo no quería que **formaras parte de** todo esto. Quería alejarte de este mundo, pero no puedo **negar** quién soy y a qué mundo **pertenezco** –confesó Eugenio.

Paula no quería mirarle, no quería saber nada de él. Pero cuando levantó la mirada, vio aquellos ojos negros y profundos... Podía ver sinceridad en ellos.

–Para mí no es fácil, no quiero pertenecer a este mundo, pero no

enigmático	geheimnisvoll
atracción *f*	Anziehungskraft
apasionado	leidenschaftlich

lo he elegido y lo último que quería hacer era ponerte en peligro, de verdad –dijo Eugenio cogiéndola de las manos.

Paula no podía dejar de mirar sus ojos, eran tan **enigmáticos**, esos ojos que le habían enamorado... Notó que los labios de Eugenio se acercaban cada vez más a los suyos.

Miles de pensamientos pasaron por la cabeza de Paula. Sabía que aquello le pondría en peligro, pero la **atracción** de aquel chico era tan fuerte... Mientras intentaba decidirse, sabía que aquello ya no se podía parar y su miedo y enfado se convirtieron en un **apasionado** beso.

Übung 36: Diálogo. Bringen Sie die folgenden Aussagen in die richtige Reihenfolge!

a) -¡He estado en peligro todo este tiempo y ni siquiera lo sabía!

b) -¿Por qué no me habías dicho nada?

c) -Quería decírtelo...

d) -Yo no quería que formaras parte de todo esto.

e) -Lo siento, Paula, no era mi intención.

f) -Para mí no es fácil, no quiero pertenecer a este mundo.

1	2	3	4	5	6

inseguridad *f*	Unsicherheit
susurrar	flüstern

Decidieron que lo mejor sería ir al hotel antes de que se hiciera de noche. Sobre todo Eugenio sabía que seguían en peligro.
Caminaron de vuelta al hotel, no había casi nadie por la calle. No se oía nada.
–Qué tranquilidad aquí... –dijo Paula respirando profundamente–. Hay tanto silencio que me parece casi mágico...
Eugenio observó a Paula. Realmente parecía estar muy relajada. Se acercó para olerla. Tenía otro olor. Todavía más dulce. Y estaba muy guapa, en aquella calle en medio de la noche. Sin embargo Eugenio no tenía la tranquilidad que Paula tenía. Empezó a notar algo en el ambiente. **Inseguridad**.
–Paula... Ya es completamente de noche, creo que es mejor que volvamos al hotel –dijo Eugenio acercándose a ella.
–Oh, ¡qué pena! Aquí es todo tan tranquilo...
Con paso rápido continuaron andando por la calle. Tenían que girar a la derecha y sólo había una callejuela por la que podían seguir el camino.
De repente empezó a soplar el aire con fuerza. Después de la lluvia el ambiente estaba frío y el aire no era agradable. Con el viento Eugenio pudo oler mucho mejor. Se paró en medio de la callejuela.
–¿Qué pasa? –preguntó Paula–. ¿Por qué te paras?
Eugenio olió de nuevo, cerró los ojos y cuando los abrió se dio cuenta de todo lo que pasaba. Paula estaba a un metro de él, sin entender nada. Un momento después apareció una figura al otro lado de la callejuela. Paula gritó y se acercó asustada a Eugenio.
–Es el chico del parque –**susurró** Paula a Eugenio.
Ángel soltó una ruidosa carcajada. Comenzó a acercarse a ellos.
–Os avisé... Aún así no habéis seguido mi consejo...

punzante	spitz
abalanzarse	sich stürzen
asombrado	erstaunt
escapatoria *f*	*hier*: Entrinnen

Eugenio sentía el olor de Paula muy intensamente, pero además sentía algo que no había sentido nunca, su miedo. Comprendió que tenía que hacer algo para salvarla del peligro.

–Tranquila –dijo Eugenio–, todo va a salir bien.

Paula vio en sus ojos la seguridad que a ella le faltaba. Ella tenía miedo. No sabía cómo actuar.

Eugenio no quería que llegara este momento. Buscó a su alrededor con la vista. A su derecha, había un palo sobre el suelo. Era bastante **punzante**. Eugenio lo vio y rápidamente fue a cogerlo. En cuanto Ángel se dio cuenta fue a buscarlo también. Paula no podía creer lo que veía. Los dos eran increíblemente rápidos, en menos de un segundo podían recorrer un montón de metros. Finalmente Eugenio fue más rápido y con el palo en la mano se **abalanzó** sobre Ángel diciéndole, mientras se acercaba a él:

–Si tenemos que arreglar algo, este es el momento.

Ángel se paró y con los ojos llenos de ira gritó:

–¡No te atreverás!

Ambos vampiros empezaron a luchar en medio de la calle. Paula miraba la escena aterrorizada. Tenía miedo de que le pasara algo a Eugenio. Los dos saltaban por el aire, se movían rápidamente, se caían, se levantaban. Todo con una rapidez que superaba a la de cualquier humano. Paula estaba **asombrada**. Vio como Ángel empujaba a Eugenio hasta la pared, no podía escapar. Si Eugenio perdía, ella también estaba atrapada, no tenía **escapatoria**.

Eugenio tenía el palo en su cuello y Ángel lo empujaba con fuerza. Pudo ver a Paula, no muy lejos de él. Pensó en ella, en el amor que había empezado a sentir por ella, en la situación a la que le había llevado... Paula se merecía estar a salvo.

Übung 37: Frases. Welche der folgenden Satzteile gehören zusammen? Ordnen Sie zu!

1. ☐ Se abalanzó	a) luchar en medio de la calle.
2. ☐ Se merecía	b) de que le pasara algo.
3. ☐ Tenía miedo	c) sobre su enemigo.
4. ☐ Empezaron a	d) estar a salvo.

Eugenio concentró toda su energía y empujó el palo con tanta fuerza que Ángel se cayó de espaldas sin poder levantarse. Eugenio se dirigió hacia él y le gritó:

–¡Este es tu final!

Un segundo después le clavó el palo en el pecho y una luz enorme invadió la oscuridad de Santiago.

Ángel había desaparecido para siempre. Eugenio respiró tranquilo. Estaba **dolorido**, pero se sentía aliviado. Por fin, tras muchos años de intentarlo, había acabado con Ángel. Había necesitado mucho tiempo, pero finalmente lo había conseguido.

Paula corrió hacia donde estaba Eugenio.

–¿Estás bien? –le preguntó preocupada.

–Sí, sí... –respondió un poco dolorido–. ¿Y tú?

–Sí, estoy bien –dijo ella todavía asustada.

Eugenio la abrazó fuertemente. Por nada del mundo quería que le ocurriera algo malo. Estaba tan asustada...

–El peligro ha pasado –aseguró Eugenio sin dejar de abrazarla.

dolorido mit Schmerzen, Schmerzen habend

5 Luna de Sangre

Cuando llegaron al hotel los dos se refugiaron en la habitación de Paula. Se acomodaron en la cama, uno junto al otro. Paula no tenía sueño. No podía dormir. Había vivido demasiadas emociones que nunca antes se había imaginado.

Se dio cuenta de lo que había cambiado su vida de un día a otro. Todavía le costaba entender la idea. Ni siquiera creía que existieran los vampiros antes de conocer a Eugenio. Se acordó de Lucía, de sus consejos. Tendría que haberla escuchado desde el principio. Hubiera sido todo mucho más fácil. Simplemente se dejó llevar por sus sentimientos... Y es que el amor y la atracción que sentía hacia él eran demasiado fuertes. Paula tenía dudas, él no había confiado en ella para contarle la verdad...

Eugenio se dio cuenta de que Paula estaba ausente, preocupada.

–Paula... Sé que es una situación complicada para ti... –empezó Eugenio.

–Claro que es complicado –dijo finalmente Paula con tono enfadado.

–Necesitas tiempo para asimilarlo todo –contestó él intentando tranquilizarla.

–Sí, es todo tan raro... Pero lo que más me preocupa es por qué no me lo dijiste antes... ¿Es que no tenías confianza en mí?

–No, no es eso. Es mucho más complicado –explicó Eugenio.

Le cogió la mano y la miró con ternura.

comprensión *f*	Verständnis
sincero	ehrlich
triunfar	triumphieren, siegen

–Lo siento, Paula, mi intención no era mentirte. Pero no era una situación fácil. Toda mi vida ha sido siempre tan difícil... Siempre me he tenido que esconder de la gente, mentir, inventarme todo... –añadió Eugenio mientras bajaba la mirada.

Paula comprendió en ese momento que para él esta historia también había sido complicada.

–Me imagino que no es fácil vivir con ello. Sabes que eres diferente a los demás. Eres como Ramiro...

–Sí, eso es –dijo Eugenio con cierta alegría por la comprensión de Paula–. De alguna manera soy como Ramiro, nadie lo entiende y no puede contarle su secreto a nadie.

Übung 38: Subjuntivo. Lesen Sie weiter und unterstreichen Sie die Verbformen im Subjuntivo!

Entendía que Eugenio hubiera reaccionado así. Quizás ella también lo hubiera hecho. No hay nadie que no tenga alguna vez miedo en su vida. Paula pensó en la novela, en el final. Se alegraba de haberlo cambiado.

Según la nueva versión, Carmen y Ramiro comenzarían una relación sincera, en la que sabían todo el uno sobre el otro. Paula pensó que por lo menos en la ficción era posible que el amor triunfara. ¡Ojalá fuera así también la realidad! En la ficción podía cambiar las decisiones de sus personajes.

enigma *f*	Rätsel

–¿Y por qué en la realidad no? –pensó Paula en alto.
–¿Perdón? –preguntó Eugenio un poco desorientado.
Paula se sentía como si hubiera descubierto un gran **enigma**. Sonrió.
–Claro, ¡está claro! ¿Cómo no me he dado cuenta? Yo misma lo he escrito –dijo Paula sonriendo.
Eugenio intentaba averiguar lo que Paula pensaba.
–¿Te refieres a la novela? –preguntó él desconcertado.
–Sí, eso es, la novela –dijo acercándose a él–. Ahora que conozco tu secreto nos podemos enfrentar a cualquier situación juntos. Por lo menos ayer funcionó.
Eugenio sonrió. Hacía mucho tiempo que no sentía tanta felicidad. Hacía tanto que no oía algo así, por fin alguien le aceptaba tal y como era. Eugenio la abrazó con fuerza.

Übung 39: Sinónimos. Finden Sie im Text die Entsprechungen der folgenden Wörter!

1. instante ____________________
2. extraño ____________________
3. cariño ____________________
4. sencillo ____________________

Se sentían tranquilos por haber sido sinceros el uno con el otro y felices de poder estar juntos. Sin embargo sabían que allí tampoco estaban seguros. Paula no podía evitar preocuparse. Aun-

que en un tiempo los vampiros no aparecieran, sabía que si querían podían atacar en cualquier momento.
–No te preocupes. Puedes confiar en mí, siempre te protegeré –dijo Eugenio acariciando a Paula. Paula sonrió. En el fondo se sentía bien por haber sido sincera consigo misma y con sus sentimientos. Y de alguna manera se sentía más protegida con él. Eugenio se acercó aún más a ella. Su olor era pura atracción. Le parecía tan hermosa... La noche estaba llena de emociones. Cada vez estaban más unidos. Ambos sentían una fuerza incontrolable hacia el otro. Pronto se llenaron de besos y caricias. El deseo de estar juntos había sido cada vez más fuerte y por fin, esa noche, hicieron realidad sus sueños. Se amaron como siempre lo habían deseado.

caricia *f*	Liebkosung
círculo *m*	Kreis

Cuando Paula consiguió dormirse, no pudo evitar tener de nuevo una pesadilla. En sus sueños sentía miedo, mucho miedo. Bosques, laberintos. Era como si no pudiera salir de allí, como en un círculo sin salida. Paula abrió los ojos de repente y oyó la voz de Eugenio:
–Tranquila, Paula, ha sido una pesadilla.
–Menos mal que estás aquí –respondió ella todavía asustada–. No puedo olvidarlo...
–Intenta[i] descansar –dijo él con ternura–. Además no me voy a ir de tu lado.

Nicht verwechseln:
Das spanische Verb **probar** (probieren, versuchen) wird im Sinne von ausprobieren, kosten verwendet.
Bsp.: *Prueba esta comida, está muy buena.*
Wenn man aber ausdrücken möchte, dass man etwas zu erreichen versucht oder sich um etwas bemüht, verwendet man das Verb **intentar.**
Bsp.: *Intenta descansar, ya es tarde.*

Übung 40: Muy o mucho. Setzen Sie die richtige Form ein!

1. Se sentían ______________ tranquilos por haber sido sinceros.
2. Paula tenía ______________ miedo.
3. ______________ veces tenía pesadillas cuando dormía.
4. La voz de Eugenio era ______________ relajante.
5. Esa noche no pudo dormir ______________.

Paula miró el reloj, eran las cuatro de la madrugada. Tenía que intentar dormir un poco más, pero tenía miedo de volver a tener una pesadilla. Finalmente cogió la mano de Eugenio, cerró los ojos enfrentándose a su miedo y consiguió descansar un poco. Cuando se despertó, vio a Eugenio a su lado. La observaba en silencio.

frotarse	sich reiben
somnoliento	schläfrig
recoger	*hier*: (seine Sachen) zusammenpacken

–Buenos días –dijo él con ternura mientras la besaba.

Paula se frotó los ojos todavía somnolienta.

–Buenos días, mi amor –respondió ella sonriendo.

–¿Has descansado? –preguntó él preocupado.

–Más o menos –dijo Paula mientras se levantaba de la cama.

–Bueno, ¿recogemos y nos vamos? –propuso Eugenio.

–Sí, será lo mejor, ya bastantes sustos hemos tenido en esta ciudad –añadió ella acordándose del día anterior.

recepción *f*	Empfang
entreabierto	halb offen

Habían metido ya el equipaje en el maletero. Justo cuando iban a abandonar el hotel, Paula se dio cuenta de que había olvidado su novela en la habitación.
–¿Quieres que te acompañe? –preguntó Eugenio.
–No, no te preocupes. Vuelvo en un momento –dijo Paula y entró en el pequeño hotel. No había nadie en la recepción.
–¿Hola? –dijo sin obtener respuesta.

Übung 41: Indicativo o subjuntivo. Lesen Sie weiter und unterstreichen Sie die richtige Verbform!

1. Hubieron entregado / Habían entregado la llave hacía un rato y ya no **2.** pudiera / podía entrar en la habitación. Paula recorrió el pasillo en busca de alguno de los dueños del hotel. No **3.** viera / vio a nadie . Se dio cuenta de que al final del pasillo había una puerta entreabierta. Un letrero en la puerta decía: "Privado". Paula **4.** quiso / quisiera asomarse un poco más, para ver si **5.** había / hubiera alguien allí. En la habitación había demasiada oscuridad, desde el pasillo Paula no pudo ver nada. No creía que **6.** era / fuera tan difícil encontrar a alguien en ese hotel.

De repente Paula notó una mano en su hombro y dio un salto del susto. Se giró lentamente y vio a una chica con la piel muy blanca y una gran sonrisa.

alojado	einquartiert, beherbergt
rojizo	rötlich

–¡Hola! –dijo la chica con tono simpático–. ¿Buscabas algo?
–Eh... Sí, necesito la llave de la habitación. Hemos estado dos noches aquí alojados y hemos devuelto la llave ya, pero nos hemos dado cuenta que se nos ha olvidado algo en la habitación –explicó Paula.
Era una chica joven, con un bonito pelo de tono rojizo, parecía estar en forma. Además parecía ser bastante simpática y alegre, pero a Paula le intranquilizaba un poco su presencia. Además pensó que era un poco raro, no había visto antes a esa chica, creía que sólo trabajaban allí los dos viejecitos.
La chica se dirigió a la recepción y allí miró en los papeles los huéspedes que se habían alojado últimamente.

Übung 42: Palabras. Bringen Sie die Buchstaben in die richtige Reihenfolge und bilden Sie sinnvolle Wörter!

1. A Paula le intranquilizaba su recipsena ________.
2. Necesito la eval ________ de la habitación.
3. Parecía ser bastante ticsiápma ________ y alegre.
4. La chica se fue a la pcreiócen ________ para buscar los nombres de los huéspedes.

Mientras la chica buscaba su nombre, Paula le preguntó:
–Tú debes de ser la hija de los dueños, ¿no?

contundente	überzeugend
plateado	silbern, silbrig
colmillo *m*	Fang-, Eckzahn
apoderarse de alguien	*hier*: sich einer Person bemächtigen
sin éxito	erfolglos

Ella hizo como que no había oído la pregunta. No contestó. Siguió buscando y al fin dijo:
–Aquí sólo hay una reserva a nombre de Eugenio Calatrava.
–Sí, eso es –añadió Paula–. Teníamos dos habitaciones: la número doce y trece. Pero creo que mi nombre no aparece ahí... Soy Paula...
–García –afirmó la chica de forma **contundente**.
Paula estaba asombrada. Ella misma no había dicho su apellido en ningún momento. Miró la lista de huéspedes.
–¿Cómo lo sabes? No veo mi nombre ahí –dijo Paula dando un paso hacia atrás.
Levantó la vista y vio como los ojos de aquella chica tomaban un color gris **plateado**. Su gran sonrisa desapareció y un par de **colmillos** se dejaron ver en su boca. Paula no sabía qué hacer. Sólo quería gritar: "¡Ayúdame, Eugenio!", pero el miedo se había **apoderado de** ella y no podía reaccionar con normalidad. Lo que estaba claro es que tenía que salir de allí cuanto antes.
Corrió por el pasillo del hotel. Sólo pensaba en alcanzar la puerta. Pero la chica era mucho más rápida que ella. Cuando Paula consiguió llegar a la puerta, la chica la cerró y empujó a Paula contra la pared. Paula intentó luchar contra ella **sin éxito**. La chica era mil veces más fuerte que Paula... En seguida la extraña cogió a Paula sin dejarla escapar. La chica la tenía agarrada con fuerza, así que la podía controlar cuanto quisiera. Para Paula ahora Eugenio era su única solución. Haciendo un gran esfuerzo, finalmente pudo gritar:
–¡Eugenio! ¡Ayuda!
Paula no se rendía e intentaba luchar contra aquella extraña.

temerse	*hier*: befürchten
maliciosa-mente	arglistig
garras *f pl*	*hier*: Krallen
reto *m*	Herausforderung
puño *m*	Faust

Ahora entendía que el día anterior se sintiera observada mientras desayunaba. Y el plato roto. Sin duda esa chica había estado allí observando sus movimientos para finalmente atacar.

Esperando en el coche, Eugenio se extrañó que Paula tardara tanto. De repente oyó un grito dentro del hotel. **Temiéndose** lo peor, saltó fuera del coche y con una rapidez increíble entró en el hotel. No se imaginaba que fuera a presenciar tal escena. La cara de Eugenio cambió totalmente al comprender lo que estaba pasando.

–¡Suéltala ahora mismo! –gritó Eugenio al ver cómo la chica tenía agarrada a Paula.

La chica negó con la cabeza, mientras sonreía **maliciosamente**. Eugenio corrió hacia donde estaban las dos e intentó agarrar a Paula para salvarla de sus **garras**. Pero la chica se llevó a Paula consigo al otro lado del pasillo.

–¡Suéltala! –repitió Eugenio con voz firme mientras se intentaba acercar.

–Lucha conmigo, si te atreves... ¡Ella es una humana! ¡Tú siempre serás más rápida y fuerte! ¡Así que lucha conmigo! –gritó Eugenio.

Finalmente la chica soltó a Paula tirándola al suelo.

–¡Está bien! –dijo la chica aceptando el **reto**. Y según dijo esto se abalanzó contra Eugenio con todas sus fuerzas. Él supo reaccionar rápidamente y paró el **puño** que venía directo a su cara. La chica en seguida se dio cuenta de que Eugenio estaba en forma y era bastante fuerte. Pero intentó de nuevo darle otro golpe. Eugenio consiguió evitarlo con una rapidez deslumbrante.

Un segundo después Eugenio le **propinó un** buen **golpe** en la espalda. La chica se quedó tumbada, sin poder moverse.

propinar un golpe	einen Schlag versetzen

En ese momento Eugenio vio a Paula en el suelo, dolorida. Rápidamente se dirigió hacia donde estaba preocupado por si estaba herida. Mientras la chica había conseguido ponerse de pie e intentaba alcanzar la puerta. En cuanto Eugenio vio que quería escapar fue a por ella. No podía dejar esta historia a medias. Consiguió agarrarla por la ropa, pero ella finalmente se soltó, dio un salto hacia la puerta y salió corriendo.

Übung 43: Verdadero o falso. Welche Aussagen sind korrekt? Markieren Sie mit richtig ✔ oder falsch — !

1. Paula olvida algo en la habitación, por eso vuelve al hotel. ❐
2. En el hotel Paula se encuentra a la viejecita. ❐
3. En el hotel Paula es atacada por una chica pelirroja. ❐
4. Eugenio no acude a ayudar a Paula. ❐
5. La chica huye por la puerta. ❐

–¡Se ha escapado! –dijo Eugenio enfadado. Se dio la vuelta y se dirigió de nuevo hacia Paula.

–¿Estás bien? –preguntó Eugenio preocupado.

–Sí, creo que sí... –contestó Paula un poco desconcertada–. Me he hecho daño en el brazo al caerme, pero creo que no es nada grave, es sólo el golpe. ¿Y tú?

ϟ sonar de algo	bekannt vorkommen
apartar a alguien	*hier*: jmd. zur Seite ziehen, jmd. wegziehen
impotente	machtlos, unfähig

–Estoy bien. Pero no he podido acabar con ella... –dijo Eugenio mirando la puerta abierta–. Espero que no vuelva a aparecer por aquí.
–¿La conocías? –preguntó Paula con curiosidad.
–No sé, me **suena de algo**... Creo que alguna vez la he visto en compañía de Ángel. Seguramente sea una de ellos... –dijo Eugenio.
Paula se empezaba a recuperar cuando una sombra se asomó por la puerta del hotel. Eugenio la vio y **apartó a** Paula a un lado para protegerla. Se acercó a la puerta, estaba dispuesto a luchar de nuevo contra quien fuese. La puerta se abrió completamente. Con paso lento entró la dueña del hotel y sin decir nada fue andando hasta la recepción. Eugenio y Paula suspiraron con alivio. Le pidieron la llave de la habitación a la mujer y esta vez los dos juntos fueron a buscar la novela.
–¡Menos mal! –dijo Paula aliviada al ver el manuscrito allí.
Cogió la novela, devolvieron la llave en la recepción, se despidieron de la mujer y arrancaron el coche.
Paula se sentía de repente un poco más segura que antes. Sin embargo también se sentía **impotente**. Sabía que los otros vampiros amigos de Ángel podrían aparecer y ninguno de los dos podría hacer nada. Paula estaba intranquila y no pudo evitar sacar el tema.
–¿Qué podemos hacer? –preguntó Paula casi con desesperación–. No podemos seguir así. Vendrán en cualquier momento...
Eugenio paró el coche y abrazó fuertemente a Paula. Tenía que encontrar una solución. Pero, ¿a dónde podían ir? Tras un momento de reflexión, dijo:

–Conozco a alguien que nos puede ayudar...
Paula lo miró a los ojos como quien ve en el otro su última esperanza.
–¿Quién? –preguntó ella impaciente.
–Es un viejo amigo. Pero no lo he visto desde hace tiempo, no sé... podría ser una solución –dijo Eugenio.
–¿Qué otras opciones tenemos?
Eugenio ni siquiera contestó. Negó con la cabeza.
–Pero está claro que él vive en un territorio más seguro... –añadió Eugenio.
–¿Crees que allí no habrá peligro? –preguntó Paula.
–Por lo que sé, por allí no se acercan vampiros como los amigos de Ángel –aseguró Eugenio.
–Entonces, ¡vamos! –dijo Paula finalmente.
Aliviado por esta decisión, Eugenio volvió a arrancar el coche y se dirigieron al pueblo de su amigo.

Übung 44: Errores. Lesen Sie weiter und korrigieren Sie die sechs Fehler im folgenden Absatz!

Cuando se bagaron del coche coría un aire bastante frío. La imajen del pueblo desde donde estaban era espetacular. Había unas cinco casas juntas en un vaye, todo rodeado de bosques, increíblemente berde.

1. ____________________ 4. ____________________

2. ____________________ 5. ____________________

3. ____________________ 6. ____________________

casa *f* señorial	herrschaftliches Haus
caserón *m*	großes Haus
paso *m* de los años	Lauf der Zeit
fachada *f*	Fassade

Más arriba de donde estaban las casas se podía ver un edificio grande y majestuoso, pero un poco viejo. Paula pensó en que tenía que haber sido una casa señorial hace mucho tiempo.

–¡Hemos llegado! –dijo Eugenio–. Es aquella casa –explicó señalando hacia el caserón. Eugenio abrió la pesada puerta de hierro que protegía la casa. Entraron a una especie de jardín. Ante sus ojos tenían una majestuosa vista del caserón. Desde fuera se podían ver tres pisos con enormes ventanas. En las paredes grises se veía el paso de los años. Subieron unas escaleras que ascendían hasta la puerta principal. Paula estaba impresionada con la vista de la fachada.

Übung 45: Sopa de letras. Finden Sie sieben Adjektive, die das oben beschriebene Haus charakterisieren!

S	D	F	G	O	M	P	G	R	I	S	A
E	L	G	R	A	N	D	E	I	O	D	E
Ñ	V	I	E	J	A	F	T	C	K	I	P
O	A	R	I	M	A	F	R	E	B	E	E
R	M	A	J	E	S	T	U	O	S	A	S
I	R	E	C	O	M	S	E	S	L	C	A
A	E	N	O	R	M	E	O	P	Z	O	D
L	Z	U	Y	O	N	B	S	A	L	R	A

recorrer un escalofrío	einen Schauder verspüren
de par en par	sperrangelweit
pareja *f*	Paar
canoso	grauhaarig
poblado	*hier*: üppig

Llamaron a la puerta. Nadie contestó.
–¿No hay nadie? –preguntó Paula mientras un escalofrío le recorría la espalda.
Eugenio levantó los hombros. De repente oyeron un ruido dentro. La puerta se abrió de par en par. Paula se asustó.
Juan vio primero a Paula. No puso buena cara al ver a una desconocida en su casa. Después, cuando reconoció a Eugenio dijo:
–¡Eugenio! ¡Mi viejo amigo!
–¡Juan! ¡Qué alegría!
–¿Qué te trae por aquí? –preguntó Juan mirando a Paula con curiosidad.
–Mira, Juan, esta es mi... –Eugenio tardó un poco en continuar hablando– es mi... novia, Paula –dijo finalmente.
Paula lo miró con sorpresa. ¡La había presentado como su novia! Eso significaba que ahora eran pareja. Paula se encontró con los ojos de Eugenio, esa mirada que le había atraído desde el principio... Se quedaron mirando a los ojos y Paula entendió en ese momento que iban a estar juntos para siempre. Paula tenía la sensación de que él estaba pensando lo mismo.
Juan la saludó. Paula seguía aún un poco sorprendida por las palabras de Eugenio. Además no sabía muy bien cómo actuar ante el desconocido.
–Encantada –dijo con amabilidad. Estaba aún sorprendida por el aspecto físico de aquel hombre. Él también tenía la piel blanca, como Eugenio, pero el pelo era canoso y llevaba una barba bastante poblada. Sus ojos eran pequeños pero Paula se dio cuenta que tenía una mirada bastante penetrante.

atónito	verblüfft, sprachlos
antepasados *m pl*	Vorfahren, Ahnen

–¡Pasad dentro! –dijo Juan mientras observaba a Paula.

Cuando Paula pasó delante de Juan, éste se quedó un momento pensativo. Había algo que no le parecía habitual en ella: su olor.

–¡Ajá! Ahora entiendo... ¡Eres humana! –añadió Juan dirigiéndose a Eugenio.

–Sí, es humana. Por eso estamos aquí... –dijo Eugenio agachando la cabeza–. Necesitamos tu ayuda, Juan.

Paula miró el interior de la casa **atónita**. Era increíblemente grande, los techos eran altísimos. La decoración parecía del siglo pasado, con grandes lámparas y cuadros de **antepasados**.

Übung 46: Traducción. Übersetzen Sie die folgenden Aussagen!

1. Sie klopften an die Tür.

____

2. Sie werden für immer zusammen sein.

____

3. Juan hatte weiße Haut.

____

4. Deshalb sind wir hier.

____

Juan se dirigió a una gran mesa que había en la sala donde estaban y les invitó a sentarse.

vengar	rächen

–¿Cuál es el problema? ¿Cómo puedo ayudaros? –preguntó Juan con voz tranquila.
–Es una larga historia, pero la resumiré así: Ángel y sus compañeros se enteraron de que Paula es humana y desde entonces no han dejado de perseguirnos y amenazarnos. Finalmente tuve que luchar con Ángel y ahora sus compañeros quieren vengar su muerte. Por eso estamos en peligro –explicó Eugenio con voz firme.
Juan escuchaba con atención e intentaba pensar en alguna solución.
–Bueno, en este territorio no os tenéis que preocupar. Aquí nunca vienen vampiros que beben sangre humana. Este territorio está separado de su mundo desde hace siglos.
Paula sintió un gran alivio al oír las palabras de Juan, pero seguía sin sentirse totalmente a salvo.
–¿Está seguro? –preguntó ella sin terminar de creérselo.
–Sí, sí, eso es seguro. Quedaros el tiempo que necesités para descansar, reflexionar y... disfrutar –dijo Juan y continuó–, a partir de esta noche podréis dormir con tranquilidad. Arriba hay una habitación que podéis utilizar. Es bastante confortable[i] y muy romántica.

Beachten Sie die Schreibweise:
komfortabel = confortable
jedoch gesprochen:
[komfor'taßle]

Juan se levantó y les acompañó. La habitación era espectacular. Paula estaba impresionada. Tenía una vista maravillosa hacia la parte de atrás de la casa, donde había un jardín enorme. Era todo como sacado de un cuento.

Übung 47: Preguntas. Beantworten Sie die Fragen zum Text!

1. ¿A quién acuden en busca de ayuda?

   ____

2. ¿Por qué huyen Eugenio y Paula?

   ____

3. ¿Qué tiene de especial ese territorio?

   ____

4. ¿Dónde duermen esa noche?

   ____

Eugenio se acercó a Paula que estaba todavía mirando por la ventana. Estaba empezando a anochecer y se veía tímidamente la luna en el cielo.

–¿Qué te parece?

–Es increíble. Esta casa es enorme... y mira las vistas... –dijo Paula señalando por la ventana. Al fondo se veía un bosque grandísimo.

–Aquí estaremos seguros –dijo Eugenio abrazándola.

–Sí, me siento mucho mejor aquí.

–Menos mal que Juan nos ha ayudado... –dijo Eugenio suspirando.

–Sí, la verdad que ha sido muy amable con nosotros –Paula asintió–. Pero, ¿cuánto tiempo crees que podemos estar así? –preguntó.

Eugenio se quedó mirando a Paula un poco sorprendido.
–¿Qué quieres decir?
–No sé, no podemos estar eternamente huyendo y pidiendo ayuda...

ϟ sin más	einfach so
apetecible	*hier*: verführerisch
estrechar	*hier*: an sich drücken
dar un suspiro	*hier*: stöhnen

–Ya, pero no podemos hacer otra cosa –dijo Eugenio con tono triste.
–¿No podemos hacer nada más? –preguntó Paula con cierta desesperación. Se quedó un momento callada–. ¿Y si...?
Eugenio no contestó. Sabía lo que Paula estaba pensando, pero no quería oír hablar del tema. Él sabía lo que significaba ser vampiro y no quería que Paula tuviera que vivir esa experiencia.
–No es una vida nada fácil –le contestó con tono serio.
Paula miró hacia abajo. Se le había ocurrido así, sin más.
Pero, ¿no era lo único que podía salvar a los dos?, pensó y se acercó hacia su amante.
Se tumbaron en la cama. Realmente estaban cansados, pero se sentían felices de poder estar juntos y a salvo. Paula se sentía bien en los brazos de Eugenio. Estaba con el hombre que amaba y eso era lo más importante para ella en ese momento.
Se besaron una y otra vez. Eugenio fue descendiendo poco a poco con su boca hacia el cuello de Paula. Su olor era tan apetecible...
Perdida por la pasión, Paula dejó caer su cabeza hacia atrás. Eugenio tenía delante su maravilloso cuello blanco. Mientras, sus brazos la abrazaban, estrechándola contra su cuerpo. Eugenio besaba su cuello cada vez más apasionadamente. Paula dio un fuerte suspiro. No había sentido tanta pasión desde hace mucho tiempo. Abrió los ojos un momento y vio por la ventana como la luz de la luna los iluminaba...

Übung 48: Caracol de palabras. Wie lauten die gesuchten Begriffe? Beachten Sie: In der Wortspirale ist der letzte Buchstabe eines Wortes jeweils der erste des folgenden Begriffs.

1	2	3	4	5	6
20	21	22	23	24	7
19	32	33	34	25	8
18	31	36	35	26	9
17	30	29	28	27	10
16	15	14	13	12	11

1-6: Recipiente donde reposa el té.

6-9: Está en la atmósfera.

9-14: Material de cristal donde te ves reflejado.

14-24: Ocasión, posibilidad.

24-30: Antónimo de "detrás".

30-36: Nombre del protagonista masculino de "Luna de Sangre".

Abschlusstest

Übung 1: El intruso. Welches Wort ist das „schwarze Schaf"? Unterstreichen Sie!

1. intranquilo impaciente relajado nervioso
2. acariciar pegar besar abrazar
3. camisa cuello brazo mano
4. ternura odio amor cariño

Übung 2: Palabra escondida. Sind die Aussagen korrekt? Markieren Sie den entsprechenden Buchstaben und finden Sie das Lösungswort!

	richtig	falsch
1. La protagonista se llama Lucía.	O	S
2. Los dos viven en la capital de España.	A	E
3. Se conocen en un restaurante.	R	N
4. Entre ellos surge el amor.	G	A
5. Ambos hacen un viaje a Sevilla.	T	R
6. Terminan huyendo a un territorio seguro.	E	O

Lösung: ☐☐☐☐☐☐

Übung 3: Completar. Ergänzen Sie das jeweilige Adjektiv und Adverb!

1. impaciencia ____________ ____________
2. tranquilidad ____________ ____________
3. libertad ____________ ____________
4. simpatía ____________ ____________
5. lentitud ____________ ____________

Übung 4: Voz pasiva. Setzen Sie die folgenden Sätze ins Passiv wie im Beispiel angegeben!

1. Finalmente Paula publicó la novela.

   Finalmente la novela fue publicada por Paula.

2. En el restaurante la pareja degustó un buen vino.

   ____

3. Eugenio venció a Ángel tras muchos años de odio.

   ____

4. Paula casi olvida la novela en el hotel.

   ____

5. Los compañeros de Ángel atacaron a dos chicos en el parque.

   ____

Übung 5: Preguntas. Beantworten Sie die Fragen zum Text!

1. ¿Dónde tiene lugar la primera cita de Eugenio y Paula?

___

2. ¿A qué se dedican?

___

3. ¿A dónde hacen un viaje?

___

4. ¿Quién les ayuda al final?

___

Übung 6: Sinónimos. Wie lauten die Synonyme der folgenden Wörter? Ordnen Sie zu!

1. ☐ miedo	a) nervioso
2. ☐ enfado	b) antiguo
3. ☐ intranquilo	c) complicado
4. ☐ difícil	d) enojo
5. ☐ viejo	e) temor
6. ☐ querer	f) tratar de
7. ☐ intentar	g) desear

Übung 7: Elección múltiple. Welche der folgenden Aussagen sind richtig? Kreuzen Sie die richtige Antwort an!

1. a) ❒ Paula está contenta con su novela tal y como está escrita.
   b) ❒ Paula cambia el final de su novela.
2. a) ❒ Eugenio invita a Paula a un concierto de música clásica.
   b) ❒ Eugenio invita a Paula a cenar en un restaurante.
3. a) ❒ En el viaje que hacen juntos se enfadan y no vuelven a hablarse.
   b) ❒ En el viaje se conocen mejor y terminan enamorándose.
4. a) ❒ Al final vuelven a Madrid, a casa de un amigo de Paula.
   b) ❒ Al final van a casa de un viejo amigo de Eugenio.

Übung 8: Definiciones. Ordnen Sie den Gegenständen die passende Definition zu!

1. ☐ gafas de sol	a) sirve para llamar a la puerta
2. ☐ manzanilla	b) sueño horrible, que da miedo
3. ☐ telaraña	c) sirve para proteger los ojos del sol
4. ☐ pesadilla	d) infusión que te ayuda a calmarte
5. ☐ timbre	e) la tejen las arañas

Übung 9: Ensalada de letras. Stellen Sie die Adjektive im Zusammenhang mit Eugenio richtig um und enträtseln Sie das Lösungswort!

1. O R M N E O

□ _ _ _ _ _

2. T O A L

_ _ _ □

3. T E R U E F

_ _ _ □ _ _

4. P D A I O R

_ _ □ _ _ _

5. V L A I N E T E

□ _ _ _ _ _ _ _

6. T R A V T O A C I

□ _ _ _ _ _ _ _ _

7. O S L T I

_ □ _ _ _

Lösung: □ □ □ □ □ □ □

Lösungen

Übung 1: **1.** bufanda **2.** cabeza **3.** elegante **4.** teléfono **5.** atractivo

Übung 2: poco, joven, amigable, tranquila, misterioso, negros, profundos, misteriosos.

Übung 3: **1.** a **2.** b **3.** a

Übung 4: **1.** intranquila **2.** inseguro **3.** viejo **4.** bueno

Übung 5: **1.** pulsera **2.** aguja **3.** nueve **4.** tiempo **5.** estudio

Übung 6: **1.** richtig **2.** falsch (Paula se da un golpe.) **3.** falsch (Eugenio dejó descansar a Paula en su casa.)

Übung 7: **1.** c **2.** d **3.** b **4.** a

Übung 8: **1.** sentía **2.** sabía **3.** pensó **4.** salió **5.** encendió

Übung 9: **1.** las sensaciones **2.** las situaciones **3.** las oportunidades **4.** las historias

Übung 10: **1.** e (he) **2.** situazión (situación) **3.** racón (razón) **4.** benían (venían) **5.** espresarlas (expresarlas) **6.** azercó (acercó)

Übung 11: **1.** lago **2.** sentarse **3.** zapato **4.** lento

Übung 12: **1.** d **2.** e **3.** a **4.** c **5.** b

Übung 13: **1.** fue **2.** desayunaba **3.** Encendió **4.** estaba **5.** se encontraba **6.** Miró

Übung 14: **1.** sobre **2.** a **3.** a **4.** en **5.** en

Übung 15: **1.** b **2.** a **3.** b **4.** a

Übung 16: **1.** Cogió **2.** volvió **3.** recordó **4.** sintió **5.** estaba

Übung 17: **1.** Ve a un chico que se parece mucho a Eugenio. **2.** Al servicio. **3.** Porque pensaba que estaba viendo a Eugenio en el otro lado de la sala y de repente Eugenio está al lado suyo.

Übung 18: **1.** lluvia **2.** nube. **3.** nieve **4.** rayo **5.** trueno **6.** tormenta
Lösung: viento

Übung 19: **1.** periodista **2.** reportaje **3.** peligroso **4.** noticia **5.** imagen **6.** amor **7.** suceso
Lösung: peligro

Übung 20: **1.** Carmen quiere conocerlo mejor. / Carmen lo quiere conocer mejor. **2.** Paula no quería volverla a leer. / Paula no la quería volver a leer. **3.** Carmen podía aguantarlos. / Carmen los podía aguantar. **4.** Paula volvió a cerrarlo. / Paula lo volvió a cerrar. **5.** Tenía tiempo de hacerla.

Übung 21: **1.** c **2.** e **3.** b **4.** a **5.** d

Übung 22: **1.** lentamente **2.** muerto **3.** desinterés **4.** llorar

Übung 23: **1.** e **2.** a **3.** d **4.** f **5.** c **6.** b

Übung 24: **1.** b **2.** a **3.** a **4.** b

Übung 25: **1.** nadie **2.** paseo **3.** salida **4.** noche **5.** abrigo **6.** oscuridad

Übung 26: **1.** Ella se acordó de su pesadilla. **2.** Paula había sentido por primera vez verdadero miedo. **3.** Sus sueños se hicieron realidad. **4.** No podía continuar.

Übung 27: **1.** richtig **2.** falsch (Es un viejo conocido.) **3.** richtig **4.** richtig

Übung 28: **1.** La última vez que se vieron fue en el parque de la universidad. **2.** A Paula le preocupa no haber sabido nada de Eugenio en ese tiempo. **3.** Recibe tres email: de la biblioteca de la universidad, otro es publicidad y el tercero es de Eugenio.

Übung 29: 1. eres (estás) **2.** querría (quería) **3.** bueno (bien) **4.** recogo (recojo) **5.** nuebe (nueve) **6.** biaje (viaje)

Übung 30: 1. por **2.** por **3.** para **4.** por **5.** para

Übung 31: **Horizontal:** cocido, croquetas, chorizo, tortilla, jamón, empanada
Vertical: paella

Übung 32: 1. llamó **2.** Sonaron **3.** preguntó **4.** quería **5.** podía **6.** se vistió

Übung 33: 1. los huéspedes **2.** los salones **3.** las sensaciones **4.** las universidades **5.** las habitaciones

Übung 34: 1. película **2.** peluquería **3.** antiguo **4.** intuición

Übung 35: 1. ambiente **2.** suelo **3.** habitación **4.** cocina **5.** chimenea **6.** casa

Übung 36: 1. b **2.** c **3.** a **4.** e **5.** d **6.** f

Übung 37: 1. c **2.** d **3.** b **4.** a

Übung 38: hubiera reaccionado, hubiera hecho, tenga, triunfara, fuera

Übung 39: 1. momento **2.** raro **3.** ternura **4.** fácil

Übung 40: 1. muy **2.** mucho **3.** Muchas **4.** muy **5.** mucho

Übung 41: 1. Habían entregado **2.** podía **3.** vio **4.** quiso **5.** había **6.** fuera

Übung 42: 1. presencia **2.** llave **3.** simpática **4.** recepción

Übung 43: 1. richtig **2.** falsch (Se encuentra a una chica que nunca había visto antes.) **3.** richtig **4.** falsch (Acude en su ayuda y pelea con la chica.) **5.** richtig

Übung 44: 1. bagaron (bajaron) **2.** coría (corría) **3.** imajen (imagen) **4.** espetacular (espectacular) **5.** vaye (valle) **6.** berde (verde)

Übung 45: **Horizontal:** gris, grande, vieja, majestuosa, enorme
Vertical: señorial, pesada

Übung 46: **1.** Llamaron a la puerta.
2. Van a estar juntos para siempre.
3. Juan tenía la piel blanca.
4. Por eso estamos aquí.

Übung 47: **1.** A Juan, un viejo amigo de Eugenio. **2.** Porque los compañeros de Ángel quieren vengar su muerte. **3.** Es un territorio donde no pueden pasar los vampiros que beben sangre humana. **4.** Duermen en la casa de Juan, en una habitación enorme.

Übung 48:

1 T	2 E	3 T	4 E	5 R	6 A
20 N	21 I	22 D	23 A	24 D	7 I
19 U	32 G	33 E	34 N	25 E	8 R
18 T	31 U	36 O	35 I	26 L	9 E
17 R	30 E	29 T	28 N	27 A	10 S
16 O	15 P	14 O	13 J	12 E	11 P

Abschlusstest

Übung 1: **1.** relajado **2.** pegar **3.** camisa **4.** odio

Übung 2: **1.** falsch **2.** richtig **3.** falsch **4.** richtig **5.** falsch **6.** richtig
Lösung: sangre

Übung 3: **1.** impaciente, impacientemente **2.** tranquilo, tranquilamente **3.** libre, libremente **4.** simpático, simpáticamente **5.** lento, lentamente

Übung 4: **1.** Finalmente la novela fue publicada por Paula. **2.** En el restaurante fue degustado un buen vino por la pareja. **3.** Ángel fue vencido por Eugenio tras muchos años de odio. **4.** La novela es casi olvidada por Paula. **5.** Dos chicos en el parque fueron atacados por los compañeros de Ángel.

Übung 5: **1.** En la casa de Eugenio. **2.** Paula es escritora y Eugenio es editor. **3.** Viajan un fin de semana a Santiago de Compostela. Eugenio invita a Paula porque hay unas conferencias de literatura, pero realmente quiere protegerla y piensa que Santiago es una ciudad donde pueden estar tranquilos.
4. Les ayuda un viejo amigo de Eugenio, Juan, un vampiro que vive en un territorio seguro.

Übung 6: **1.** e **2.** d **3.** a **4.** c **5.** b **6.** g **7.** f

Übung 7: **1.** b **2.** b **3.** b **4.** b

Übung 8: **1.** c **2.** d **3.** e **4.** b **5.** a

Übung 9: **1.** moreno **2.** alto **3.** fuerte **4.** rápido **5.** valiente **6.** atractivo **7.** listo
Lösung: vampiro

Glossar

ϟ = umgangssprachlich

abalanzarse *v*	sich stürzen
abandonado	verlassen
abrazar *v* a alguien	*hier*: umfassen, umarmen
acercarse *v* algo	*hier*: etw. an sich heranziehen
acogedor	gemütlich
acompañar *v*	begleiten
adelantar *v*	*hier*: vorwegnehmen
adentrarse *v*	hineingehen
adivinar *v*	*hier*: vermuten, erahnen
admirar *v*	bewundern
advertencia *f*	Warnung
advertir *v irr*	*hier*: warnen
agua *f* oxigenada	Wasserstoffperoxyd
al aire libre	im Freien
al azar	zufällig, aufs Geratewohl
alcanzar *v*	*hier*: greifen (nach)
alivio *m*	Erleichterung
alojado	einquartiert, beherbergt
alrededores *m pl*	Umgebung
amenazante	drohend, bedrohlich
amigable	freundlich
antepasados *m pl*	Vorfahren, Ahnen

apartar *v* a alguien	*hier*: jmd. zur Seite ziehen, jmd. wegziehen
a partir de ese momento	von jetzt an
apasionado	leidenschaftlich
apetecer *v irr*	Lust haben
apetecible	*hier*: verführerisch
apoderarse *v* de alguien	*hier*: sich einer Person bemächtigen
apoyarse *v* (en algo)	sich (gegen etw.) lehnen
apoyo *m*	*hier*: Unterstützung
apresurado	hastig, eilig
apropiado	angemessen
arañar *v*	kratzen
arañazo *m*	Kratzer
arrepentirse *v irr*	bereuen
a salvo	in Sicherheit
asistencia *f*	*hier*: Teilnahme
asomarse *v*	*hier*: hineinschauen
asombrado	erstaunt
asombro *m*	Erstaunen
asombroso	erstaunlich
asumir *v* una situación	einer Situation gewachsen sein
asunto *m*	Sache, Angelegenheit
asustarse *v*	sich erschrecken
atacar *v*	angreifen
ataque *m*	Angriff
aterrador	schreckenerregend, schrecklich
aterrorizado	(zu Tode) erschrocken
atónito	verblüfft, sprachlos
atracción *f*	Anziehungskraft
atrapado	*hier*: gefangen
atreverse *v*	sich trauen
atrevido	gewagt

avergonzado	beschämt
averiguar *v*	*hier*: ergründen, herausbekommen
bollería *f*	(süßes) Hefegebäck
borrador *m*	Textentwurf, Skizze, Skript
botiquín *f*	Hausapotheke, Medikamentenschrank
buscar *v* una interpretación	analysieren
calidez *f*	Wärme
callejuela *f*	Gasse
canoso	grauhaarig
capacidad *f*	Fähigkeit
carcajada *f*	Gelächter
caricia *f*	Liebkosung
casa *f* señorial	herrschaftliches Haus
caserón *m*	großes Haus
casualidad *f*	Zufall
césped *m*	Grünfläche, Rasen
círculo *m*	Kreis
cita *f*	Termin, Verabredung
colmillo *m*	Fang-, Eckzahn
comportarse *v*	sich benehmen
comprensión *f*	Verständnis
conectar *v* (con alguien)	*hier*: eine Verbindung zu jmd. aufbauen
conferencia *f*	Vortrag
confesar *v*	zugeben, gestehen
confirmar *v*	bestätigen
confundir *v*	*hier*: verwirren
confusión *f*	Verwirrung, Durcheinander
consejo *m*	Rat, Tipp
contundente	überzeugend

convencer *v*	überzeugen
convencido	überzeugt
cotillo	klatschsüchtig
cuidadosamente	sorgfältig
curado	geheilt
curar *v*	heilen
curiosidad *f*	Neugier
↯ dar *v irr* con algo	auf etw. treffen, ~ stoßen
dar *v irr* un suspiro	seufzen
de alguna manera	irgendwie, auf irgendeine Weise
debajo de la casa	unten, vor dem Haus
débil	schwach
decepcionado	enttäuscht
dedicarse *v* a	sich beschäftigen mit, sich (einer Sache) widmen
dejar *v* sitio	Platz machen, rutschen
de la nada	aus dem Nichts
de madrugada	am frühen Morgen
(los) demás *m pl*	*hier*: die Anderen
de par en par	sperrangelweit
deprisa	schnell
descolgar *v irr* el teléfono	den Hörer abnehmen
desconcertado	verblüfft
desconectar *v*	abschalten
desconfiado	misstrauisch
desconfianza *f*	Misstrauen
desconfiar *v*	misstrauen
deseo *m*	*hier*: Begierde
desesperación *f*	Verzweiflung
desmayarse *v*	in Ohnmacht fallen
desmayo *m*	Ohnmacht
desorientado	verwirrt
disculparse *v*	sich entschuldigen

disimular *v*	sich verstellen
distracción *f*	*hier*: Ablenkung, Aufmunterung
distraerse *v*	sich ablenken
doble *m*	Doppelgänger
dolorido	mit Schmerzen, Schmerzen habend
duda *f*	Zweifel, Unschlüssigkeit
dudar *v*	bezweifeln
editor/a *m/f*	Verleger(in)
emoción *f*	*hier*: Aufregung
empedrado	gepflastert
en común	gemeinsam
enemigo/a *m/f*	Gegner(in)
enfadado	verärgert
enfado *m*	Ärger
enfrentarse *v* con alguien	sich mit jmd. auseinandersetzen, sich jmd. entgegenstellen
enigma *f*	Rätsel
enigmático	geheimnisvoll
entreabierto	halb offen
entrelazado	*hier*: gefaltet (Hände)
entrevista *f*	*hier*: Vorstellungsgespräch
entusiasmado	begeistert
en un abrir y cerrar de ojos	im Nu, in einem Augenblick
equipaje *m*	Gepäck
escandaloso	lärmend
escaparate *m*	Schaufenster
escapatoria *f*	*hier*: Entrinnen
esforzarse *v irr*	sich Mühe geben
esfuerzo *m*	Mühe
estar *v irr* en peligro	in Gefahr sein
ϟ estar *v irr* hecho un lío	völlig durcheinander sein

estar *v irr* por decidir	kurz vor einem Wendepunkt stehen
estrechar *v*	*hier*: an sich drücken
estrepitosamente	lärmend
excusa *f*	Ausrede
éxito *m*	Erfolg
fachada *f*	Fassade
flotar *v*	schweben
formar *v* parte de	Teil sein von, teilhaben an
frondoso	dicht belaubt
frotarse *v*	sich reiben
fuera de lo normal	außergewöhnlich
garras *f pl*	*hier*: Krallen
hacer *v irr* gracia	lustig finden
herida *f*	Wunde
hojear *v*	durchblättern
huésped *m*	Gast
huir *v irr*	fliehen
humeante	dampfend
humedad *f*	Feuchtigkeit
imaginaciones *f pl*	*hier*: Einbildung
impaciencia *f*	Ungeduld
impedir *v irr*	verhindern, hemmen
impotente	machtlos, unfähig
incómodo	unbehaglich
incontrolable	unkontrollierbar
incorporarse *v*	sich aufrichten
indicado	*hier*: angezeigt
inesperado	unerwartet
inexplicablemente	unerklärlich
injusto	ungerecht
inofensivo	harmlos
inoportuno	ungelegen

inquietudes *f pl*	aufwühlende Empfindungen
inseguridad *f*	Unsicherheit
intención *f*	Absicht
intentar *v*	versuchen
interrumpir *v*	unterbrechen
intranquilizarse *v*	sich beunruhigen
intranquilo	*hier*: besorgt
intriga *f*	*hier*: Wissbegierde
intrigante	*hier*: spannend, fesselnd
intrigadísimo	äußerst gespannt
intrigante	*hier*: spannend, anziehend
invadir *v*	überkommen
ira *f*	Wut
justificar *v*	rechtfertigen
latir *v*	schlagen (Herz)
letrero *m*	Schild
llamar *v* al timbre	klingeln, läuten
llamar *v* la atención	auffallen
llevar *v* algo encima	etw. dabei haben
malestar *m*	Unwohlsein
maletero *m*	Kofferraum
maliciosamente	arglistig
mantener *v irr* la distancia	Abstand halten
manzanilla *f*	Kamillentee
mareado	schwindlig
marearse *v*	schwindlig werden
maullido *m*	Miauen
mayúscula *f*	Großbuchstabe
merecer *v irr*	verdienen
mesilla *f* (de noche)	Nachttisch
modificación *f*	Änderung
molestar *v*	stören
molesto	*hier*: gestört, unbequem

⚡ montón *m*	Haufen, Unmenge
mordedura *f*	Biss, Bisswunde
murciélago *m*	Fledermaus
negar *v irr*	*hier*: (ver)leugnen
noción *f*	*hier*: Vorstellung
nota *f*	Nachricht
novela *f*	Roman
novela *f* de suspense	Thriller
nublarse *v*	sich bewölken
olor *m* a viejo	Muff, abgestandener Geruch
pareja *f*	Paar
párpado *m*	Lid
paso *m* de los años	Lauf der Zeit
⚡ pegar *v* un salto	aufspringen
pellizcarse *v*	sich kneifen
permanecer *v*	verbleiben, zurückbleiben
pertenecer *v irr*	gehören
pesadilla *f*	Alptraum
pista *f*	*hier*: Idee, Ahnung
planificar *v*	planen
plateado	silbern, silbrig
poblado	*hier*: üppig
ponerse *v irr* cómodo	es sich bequem machen
pradera *f*	Wiese
precaución *f*	Vorsicht
preocuparse *v*	sich Sorgen machen
prestar *v* atención	*hier*: beachten
primaveral	frühlingshaft
propinar *v* un golpe	einen Schlag versetzen
proponer *v irr*	vorschlagen
publicar *v*	veröffentlichen
puerta *f* lateral	Seitentür
punzante	spitz

puño *m*	Faust
quien quiera que fuese	wer auch immer es sein möge
rayo *m*	Blitz
recepción *f*	Empfang
rechazar *v*	ablehnen
recoger *v*	*hier*: (seine Sachen) zusammenpacken
recogido	*hier*: hochgesteckt (Haar)
recorrer *v* un escalofrío	einen Schauder verspüren
recuperar *v*	*hier*: nachholen
recuperarse *v*	sich erholen
refugiarse *v*	sich in Sicherheit bringen, sich unterstellen
rendirse *v irr*	sich ergeben
resultar *v* familiar	*hier*: bekannt sein
retirar *v*	*hier*: zurückstreichen (Haar)
reto *m*	Herausforderung
revolotear *v*	flattern
rojizo	rötlich
rostro *m*	Gesicht
ruidoso	geräuschvoll
sangrar *v*	bluten
satisfactorio	befriedigend
satisfecho	zufrieden
seguridad *f*	Sicherheit
sencillo	*hier*: schlicht
sensación *f*	Gefühl
sentido *m* de la orientación	Orientierungssinn
ser *m* humano	Mensch
ser *v irr* incapaz de	unfähig sein, etw. zu tun
servicio *m*	*hier*: Toilette
siglo *m*	Jahrhundert

sin éxito	erfolglos
↯ sin más	einfach so
sincero	ehrlich
sobrevolar *v*	überfliegen
somnoliento	schläfrig
↯ sonar *v* de algo	bekannt vorkommen
superar *v*	überwinden
superstición *f*	Aberglaube
suspirar *v*	seufzen
susto *m*	Schreck
susurrar *v*	flüstern
tacón *m*	Absatz
telarañas *f pl*	Spinnennetz
temerse *v*	*hier*: befürchten
temible	furchterregend
temor *m*	Angst
tenebroso	*hier*: geheimnisvoll
tener *v irr* algo bajo control	etw. unter Kontrolle haben
tener *v irr* lugar	stattfinden
tensión *f*	Spannung
tenso	angespannt
ternura *f*	Zärtlichkeit, Sanftheit
tímidamente	schüchtern
timidez *f*	Schüchternheit
tomar *v* en serio	ernst nehmen
triunfar *v*	triumphieren, siegen
trueno *m*	Donner
tumbado	liegend
unirse *v* (a)	*hier*: sich dazugesellen
variedad *f*	Vielfalt
velada *f*	Abend
vengar *v*	rächen

vergüenza *f*	Scham
volverse *v irr*	*hier*: werden
vulnerable	verwundbar
zonas *f pl* verdes	Grünanlage

Verzeichnis der Übungen

Abschlusstest

Mehr Sprachen – noch mehr Gänsehaut

VAMPIRE STORIES

Lesespaß mit Lerneffekt!

Weitere Titel:

Englisch, B1, 6,95 €
ISBN 978-3-8174-7950-4

Englisch, B1, 6,95 €
ISBN 978-3-8174-7951-1

Englisch, B2, 6,95 €
ISBN 978-3-8174-7952-8

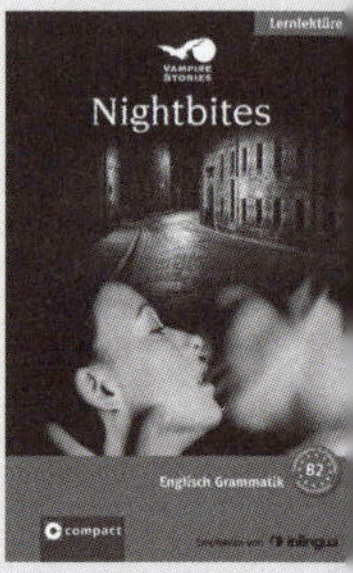

Englisch, B2, 6,95 €
ISBN 978-3-8174-7953-5

Englisch, C1, 8,95 €
ISBN 978-3-8174-8261-0

Englisch, C1, 8,95 €
ISBN 978-3-8174-8262-7

Spanisch, B1, 6,95 €
ISBN 978-3-8174-8264-1

Französisch, B1, 6,95 €
ISBN 978-3-8174-8263-4

Jeder Band 128 Seiten, zweifarbig, Broschur, Format 12,5 x 19 cm
Ab Frühjahr 2011 auch für Italienisch erhältlich!

„Eine ideale Kombination – mit Genuss schmökern und so die Fremdsprachenkenntnisse ganz nebenbei verbessern."

inlingua

compact

Weitere Lernlektüren unter:
www.compactverlag.de | www.lernkrimi.de